Emily van Arnold

Kind – kleiner Mensch, der seine Eltern verrückt macht - vor allem vor Glück

- Mehr Konzentration, mehr Energie - das Konzentrationstraining für Kinder

Helfen Sie Ihrem Kind mit einfachen Übungen, Tricks, Tipps, Spielen und leckeren Rezepten ihre Konzentration zu steigern.
Inklusive Barcodes mit Spielen

ISBN: 9798353082293

INHALT

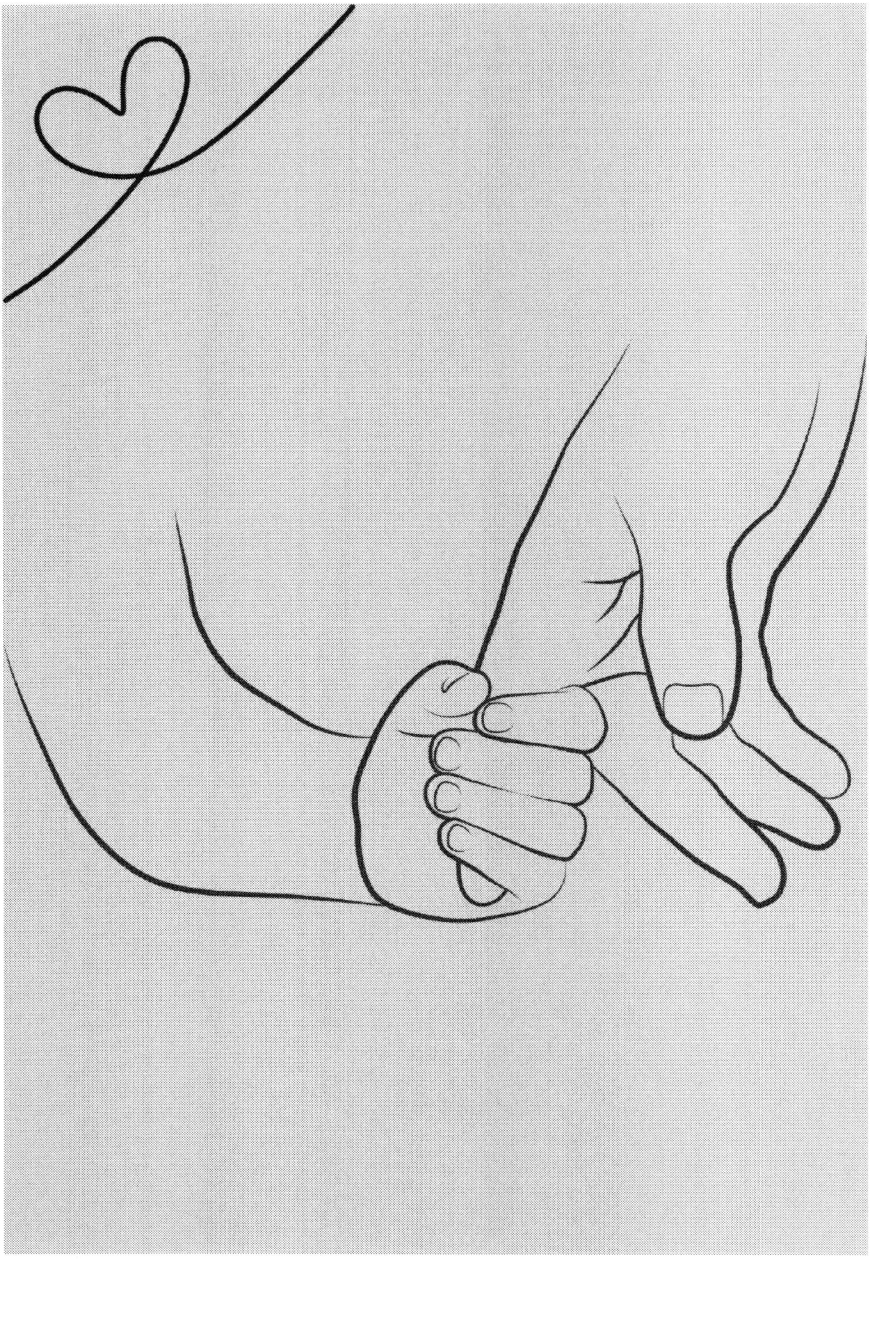

Einleitung

Konzentration ist zielgerichtete Motivation.

- Andreas Tenzer

Liebe*r Leser*in,

es freut mich sehr, dass Sie sich genau für diesen Ratgebers entschieden haben. Tauchen wir gemeinsam in das Thema Konzentration bei Kindern!

So schön das Leben mit Kindern auch sein mag, so anstrengend und herausfordernd kann es an einigen Tagen werden. Und an manchen Tagen treiben sie uns gefühlt zur Weißglut aber wir lieben sie abgöttisch und wollen unseren Kindern die bestmögliche Unterstützung sein, auf die sie immer zählen können. Dies ist vermutlich auch der Grund dafür, dass Sie nun dieses Buch in den Händen halten. Ein Buch, in dem Sie sich ausführlich mit der Konzentration Ihres Kindes befassen und die Hintergründe des Ganzen verstehen lernen können.

So werden. Sie sich zu Beginn des Buches zunächst intensiv mit der Theorie der Konzentration befassen können. Das heißt Sie werden mehr darüber erfahren, was es mit der Konzentration im Allgemeinen auf sich hat und welche Faustformel dahintersteckt. Außerdem werden Sie lernen, wie es Ihnen gelingen kann, zu erkennen, ob Ihr Kind unter Umständen an einer Konzentrationsschwäche leidet. In diesem

Zusammenhang werden Sie sich darüber belesen können, welche Ursachen hinter einem unkonzentrierten Verhalten stehen können und wie eine Lösung jenes Verhaltens idealerweise aussehen könnte. Somit erhalten Sie auch eine Vielzahl an Tipps und Tricks an die Hand, die Ihnen dabei behilflich sein können, die Konzentration Ihres Kindes gezielt zu steigern. Immerhin ist die Konzentration ein wertvolles Gut, was einen jeden Menschen im Laufe seines gesamten Lebens begleiten wird, – insbesondere auch durch die Schullaufbahn. Umso wichtiger ist es für uns Eltern, dass unsere Kinder sich wohlfühlen und motiviert an die Schule herangehen, um die bestmöglichen Leistungen erzielen zu können. Doch genau das ist nicht immer möglich, da häufig die falschen Methoden zum Einsatz kommen, die Ihr Kind zum Lernen bringen sollen. In erster Linie gilt es also zunächst herauszufinden, welchem Lerntyp Ihr Kind angehört. Diese unterschieden sich in vier Typen – den auditiven, den haptischen, den kommunikativen sowie den visuellen Lerntyp. Jeder Lerntyp besitzt dabei andere Methoden, die beim Lernen bestmöglich helfen können – es gibt also kein Pauschalrezept, was bei jedem Kind identisch angewandt werden kann. Um zu erfahren, welchem Lerntyp Ihr Kind angehört, können Sie einen Lerntypentest durchführen, um die entsprechenden Lernmethoden für Ihr Kind zu finden.

Wenn es Ihrem Kind trotz der richtigen Lernmethode noch immer an Motivation mangelt, gilt es genau an dieser Stelle anzusetzen. Damit dies auch wirklich erfolgreich ist, gilt es herauszufinden, warum es überhaupt zu einem Verlust der Motivation gekommen ist. Dabei hilft Ihnen dieser Ratgeber ganz gezielt und lässt Sie ebenfalls wissen, wie

Sie gezielt an der Lernmotivation Ihres Kindes arbeiten können, was Sie lieber vermeiden sollten und was es zu tun gilt, wenn tatsächlich keine Ihrer Maßnahmen mehr Erfolg zu bringen scheint. Es kommt jedoch nicht nur auf die innere Einstellung Ihres Kindes an, ob es sich angemessen konzentrieren kann, sondern ebenso auch auf die richtige Ernährung. Mit dieser befassen wir uns in einem weiteren Kapitel, in dem Sie auch umfangreiche Informationen darüber erhalten, welche Lebensmittel dafür sorgen können, dass die Konzentration Ihres Kindes ansteigt und welche Tipps und Tricks Sie hierbei anwenden können. Um die erhaltenen Informationen bestmöglich umsetzen zu können, erhalten Sie zudem fünf konzentrationsfördernde Rezepte.

Schlussendlich befassen wir uns mit der Praxis – dem Kapitel, in dem Sie für sich selbst und Ihr Kind zahlreiche Übungen und Spiele kennenlernen, die die Konzentration Ihres Kindes fördern können – und zwar in unterschiedlichen Alterskategorien bis hin zu altersuneingeschränkten Übungen.

Nun genug zur Einleitung – lassen Sie uns direkt beginnen, um Ihr Kind so schnell wie möglich effektiv in seiner Konzentration unterstützen zu können!

Ich wünsche Ihnen viel Spaß und nur das Beste!

Ihre Emily

Konzentration ist die Kunst,

dort zu sein, wo man ist.

- Andreas Tenzer

Die Theorie

> **Den schnellsten Fortschritt im Leben erreicht derjenige, der sich intensiv und beständig ohne Ablenkung mit einer Sache beschäftigt**
> *- Christian Bischoff*

Was unter der Konzentration verstanden wird

Seinen Ursprung besitzt der Begriff der Konzentration in dem lateinischen Wort „concentra“, was übersetzt in etwa so viel bedeutet wie „zusammen zum Mittelpunkt“. Einzuordnen ist die Konzentration in einem Bereich der Psychologie, wobei sie kennzeichnend dafürsteht, die Aufmerksamkeit auf eine bestimmte Sache auszurichten. Dies kann beispielsweise ein Text sein, den es zu lesen gilt oder auch eine Aufgabe, die gerechnet werden muss.

Sicherlich werden Sie es im Laufe der Zeit bereits das eine oder andere Mal selbst an Ihrem eigenen Kind miterlebt haben, dass es den

Eindruck macht, nicht aufpassen zu wollen, – weil ihm die Konzentration fehlt. Dies liegt nicht zuletzt häufig auch an dem Umstand, dass es eine gewisse Anstrengung abverlangt, sich auf etwas Bestimmtes zu konzentrieren. Dies führt nach einer gewissen Zeit rein automatisch dazu, dass sich ein gewisser Zustand der Erschöpfung und Müdigkeit einstellen, sodass es erforderlich sein kann, eine Pause einzulegen.

Auch Ihr Kind selbst wird in seinem Alltag oftmals mit der Konzentration konfrontiert. Nicht selten kommt es vor, dass die Lehrkräfte von Ihrem Kind verlangen werden, dass es sich auf eine Aufgabe konzentrieren soll. Doch damit Ihr Kind verstehen kann, was es eigentlich genau tun soll, ist es unumgänglich, dass es ein Verständnis dafür entwickelt, was unter der Konzentration eigentlich konkret verstanden wird.

Im Allgemeinen steht die Konzentration dafür, dass eine Person absichtlich mit ihrem Fokus auf die Ausübung einer bestimmten Tätigkeit oder auch einen Reiz legt. Dabei gilt es, voll und ganz bei genau dieser Sache zu bleiben und sich nicht von anderen Dingen ablenken zu lassen.

Da dies jedoch auf Dauer durchaus anstrengend sein kann, permanent den Fokus beizubehalten, kann es geschehen, dass die Gedanken abschweifen oder auch die Aufmerksamkeit in eine andere Richtung gelenkt wird. Folglich nimmt die Aufmerksamkeit ab.

Tatsächlich ist es durchaus sogar möglich, die Konzentrationsspanne zu messen. Hierfür werden über einen gewissen Zeitraum hinweg

Aufgaben bearbeitet. In Abhängigkeit dazu, wie viele Aufgaben erfolgreich gelöst werden konnten und wie viele Fehler sich im Rahmen des Aufgabenlösens eingeschlichen haben, ist eine Abschätzung darüber möglich, ob die Konzentrationsfähigkeit als gering oder hoch einzustufen ist.

Da auf die Aufmerksamkeit jedoch die unterschiedlichsten Faktoren einwirken, kann die Aufmerksamkeitsspanne tagesformabhängig sein und somit unterschiedlich ausfallen. Grundsätzlich lässt sich festhalten, dass die Konzentrationsspanne eines Kindes in der Regel geringer ausfällt, als es bei der eines Erwachsenen der Fall ist. Dies liegt vor allem daran, dass Kinder recht anfällig gegenüber Reizen sind und schneller müde werden.

Dennoch kommt es ebenso bei Erwachsenen immer mal wieder vor, dass sie unkonzentriert werden. Auch bei ihnen können vielfältige Gründe zugrunde liegen, die einen Verlust der Konzentration nach sich ziehen. Hierzu zählen insbesondere mehrere Aufgaben und Themen, die es zeitgleich zu bearbeiten gilt, wodurch eine gewisse Überlastung eintreten kann, Frustration, mangelnde Motivation, Müdigkeit, physische Probleme, Stress oder auch eine grundlegend falsche Einstellung zu einem spezifischen Thema.

Wenngleich sich die Konzentration nicht erzwingen lässt, so kann doch trainiert werden, dass eine Verbesserung der Konzentration und eine Verlängerung der Konzentrationsspanne eintreten.

Die Faustformel der Konzentration

Kinder kommen nicht gleich mit der Fähigkeit der Aufmerksamkeit auf die Erde. Vielmehr handelt es sich bei der Konzentrationsfähigkeit um einen Aspekt, den Kinder im Rahmen ihres Lern- und Reifungsprozesses erlernen. Demnach handelt es sich um eine Haltung, die Kinder insbesondere durch das aktive Spielen sowie auch durch die Schule lernen und erfahren.

Natürlich bringen Kinder zweifelsohne eine gewisse Grundfähigkeit mit sich, ihre Aufmerksamkeit auszurichten. Sowohl von der Dauer als auch von der Intensität handelt es sich um einen langen Prozess des Lernens und der Reifung. Zwischen Kindern selbst gibt es allerdings auch diverse Unterschiede, was die Spanne der Aufmerksamkeit betrifft.

Sobald man damit beginnt, einen genaueren Blick auf Schüler*innen zu richten, um zu beobachten, so lässt sich erkennen, dass sie in der Regel nicht dazu in der Lage sind, ihre Konzentration über eine gewisse, ihrem Alter entsprechende, Spanne hinaus aufrecht zu erhalten.

Die besagte altersgemäße Zeitspanne fällt dabei recht individuell aus und kann somit von Kind zu Kind unterschiedlich ausgeprägt sein. So kommt es nicht nur auf das Lebensalter an sich an, sondern auch auf die Aufgabe, die dem Kind gestellt wird.

Jedoch gibt es eine Faustformel, an der eine recht gute Orientierung gewährleistet ist. So kann davon ausgegangen werden, dass die altersgemäße Konzentrationsspanne eines Kindes bei seinem Lebensalter mit zwei multipliziert in Minuten liegt. Das heißt, ein siebenjähriges Kind beispielsweise besitzt theoretisch in etwa eine Konzentrationsspanne von 14 Minuten.

Bedenken Sie, dass Sie darauf achten, dass Ihr Kind während der Lernphasen regelmäßig Pausen einlegt, um die Konzentrationsphasen nicht erheblich zu überschreiten. Außerdem werden im Nachgang einer Konzentrationsphase durch das menschliche Gehirn auch die gelernten Inhalte nachhaltig eingeprägt.

Konzentrationsschwächen erkennen

Sofern sich bei Kindern Schwächen mit der Konzentration einstellen, stellt dies keine Lappalie dar. Immerhin machen sich die Auswirkungen, die aus einer solchen Schwäche resultieren, nicht nur im Spiel, sondern vor allem auch im Lernverhalten sowie dem Selbstvertrauen des Kindes bemerkbar.

Auch Ihr Kind wird bemerken, dass es sich vor einer Herausforderung wiederfindet. Nicht selten wird es im Unterricht von dem Gefühl begleitet, dass es dem Stoff, der besprochen wird, nicht folgen kann. Sollte Ihr Kind Ihnen dies gegenüber ansprechen, so besteht die Möglichkeit, Ihr Kind einer Untersuchung zu unterziehen. Im Rahmen dieser kann geprüft werden, wie es um das Hören, die Körpermotorik sowie das Sehen Ihres Kindes steht. Darüber hinaus kann mittels eines Blutbildes auch erkannt werden, ob Ihr Kind möglicherweise unter einer Mangelernährung leidet, die ebenso dazu führen kann, dass das

Konzentrationsvermögen Ihres Kindes beeinträchtigt wird.

Doch nicht nur körperliche Aspekte können den Lernerfolg Ihres Kindes und seine Konzentration beeinflussen. Auch psychische Ursachen tragen nicht selten dazu bei, dass die Konzentration Ihres Kindes nachlässt. Besonders häufig tritt diese Situation im Zusammenhang mit der Aufmerksamkeitsdefizit-Hyperaktivität-Störung, kurz ADHS, auf, welche einer Stoffwechselstörung zugrunde liegt. Hierbei können sich unterschiedliche Ausprägungen zeigen, bei denen die Kinder zwar allgemein durchaus dazu in der Lage sind, Reize wahrzunehmen, jedoch Schwierigkeiten dabei bestehen, diese auszublenden oder zu verarbeiten. Infolgedessen kommt es zu einem Verlust der Konzentration, was Kinder schnell aus der Ruhe bringen kann. Andernfalls kann es auch sein, dass Ihr Kind keinen geschärften Blick für bestimmte Details besitzt.

Darüber hinaus kann es dazu kommen, dass sich eine körperliche Unruhe einstellt, die dazu führt, dass Ihr Kind nicht ruhig sitzen bleiben kann, sondern sich auf dem Stuhl wild hin und her bewegt, dauerhaft dazu gereizt wird Gegenstände in die Hand zu nehmen und mit diesen zu spielen oder wie aus dem Nichts plötzlich aufsteht und umherläuft.

Seien Sie sich in einem solchen Fall unbedingt darüber im Klaren, dass Ihr Kind dafür nichts kann. Stattdessen handelt es sich um einen Impuls, den Ihr Kind nicht direkt unter Kontrolle bringen kann und Ihr Kind mit seinem Handeln auch kein bestimmtes Ziel verfolgt.

Ursachen und Lösungsansätze für unkonzentriertes Verhalten

Es gibt keine pauschale Antwort darauf, warum Ihr Kind unter Konzentrationsstörungen leiden könnte. Die Gründe hierfür sind durchaus sehr vielfältig. Gegebenenfalls erkennen Sie an den nachstehenden Ursachen bereits, was bei Ihrem Kind womöglich der Auslöser der vorliegenden Problematik sein könnte.

- **Ablenkungen**

  Kinder, die unter einer Konzentrationsschwäche leiden, können sehr schnell abgelenkt werden. Durch die Ablenkungen vergessen sie dann, mit welcher Tätigkeit sie bis zu diesem Zeitpunkt eigentlich beschäftigt gewesen sind, wodurch sie häufig viele Dinge parallel beginnen, jedoch keine wirklich zu Ende bringen. Stattdessen werden viele Aufgaben gar doppelt durchgeführt, weil in Vergessenheit geraten ist, dass sie die identische Aufgabe bereits erledigt haben.

  Ob auch Ihr Kind leicht abgelenkt werden kann, lässt sich sehr schnell und simpel testen. Versuchen Sie doch einmal ein Gespräch mit Ihrem Kind über ein bestimmtes Thema zu führen, während es gerade damit beschäftigt ist, etwas zu malen oder zu schreiben. Beobachten Sie dann, wie Ihr Kind sich verhält. Sollte Ihr Kind sich gut konzentrieren können, wird es einfach mit dem Malen oder Schreiben fortfahren. Wenn Ihr Kind jedoch unter einer Konzentrationsschwäche leidet, wird es sich durch das Gespräch davon abbringen lassen, weiterzumalen oder zu schreiben.

Dies geschieht allerdings nicht nur, wenn Ihr Kind aktiv in ein Gespräch verwickelt wird. Auch beim Nachdenken kommt es immer wieder vor, dass die Gedanken bei einer Konzentrationsschwäche von der eigentlichen Situation abschweifen und Ihr Kind sich gedanklich woanders wiederfindet. Anstatt dessen, dass Ihr Kind sich also beispielsweise mit seiner Matheaufgabe beschäftigt, schwelgt es in seinen Gedanken in schönen Erinnerungen, Geschichten oder anderen Erlebnissen. Dies kann natürlich schlussendlich zu einer erheblichen Beeinträchtigung der Arbeit des Kindes führen.

Doch nicht nur die Gedanken direkt werden beeinträchtigt, sondern auch die Belastbarkeit Ihres Kindes. Denn häufig lässt sich neben der allgemeinen Konzentrationsschwäche auch ein Mangel an Kreativität und Vitalität feststellen, weshalb sich ein Gefühl der Lustlosigkeit, Schwäche oder Überforderung einstellen kann.

✦ Bewegungsmangel

Liegt bei Ihrem Kind ein Bewegungsmangel vor, so ist es nicht untypisch, dass auch die Leistungsfähigkeit Ihres Kindes abnimmt. So kommt es zu ersten Erscheinungen, die sich darin äußern, dass Ihr Kind plötzlich nicht mehr dazu fähig ist, fehlerfrei einen Hampelmann, Purzelbaum oder das Seilspringen auszuüben. Weitere Konsequenzen, die aus dem Mangel an

Bewegung hervorgehen, bestehen in einer geringen Frustrationstoleranz, Haltungsschwäche, Teilleistungsschwäche sowie Übergewicht.
Umso wichtiger ist es also, dass Sie darauf achten, dass Ihr Kind regelmäßig sportlichen Aktivitäten nachgeht, um auch langfristigen Schäden gegenüber dem Körper Ihres Kindes wie beispielsweise orthopädischen Problemen vorzubeugen.
Zu Beginn einer sportlichen Aktivität macht es Sinn, dass Ihr Kind, sofern eine Herzfrequenz von 140 – 160/Min vorliegt, an zwei bis drei Tagen wöchentlich etwa 10 Minuten Sport betreibt. Der wöchentliche Zielwert der sportlichen Betätigung sollte letzten Endes allerdings bei zwei bis drei Stunden liegen, wodurch sich auch das Selbstwertgefühl und Wohlbefinden Ihres Kindes steigern und die Teilleistungsschwächen sich reduzieren oder gar gänzlich verschwinden werden.

✦ Desinteresse sowie ein geringes Vorwissen

So banal es auch klingen mag, so häufig ist es tatsächlich die Ursache dafür, dass sich ein Kind nicht konzentrieren kann – ein mangelndes Interesse gegenüber einem bestimmten Thema oder ein wenig ausgeprägtes Wissen darüber. Es ist überhaupt nicht untypisch, dass ein Kind in einer solchen Situation nicht mit seiner Konzentration bei der Sache bleiben kann und selbst spezielle Übungen zum Stärken der Konzentration bringen hierbei nichts.

Wenn Kinder jedoch dazu angehalten werden und auch aus eigenem Antrieb darauf achten, das eigene Wissen stetig aufzubauen und sich auf den bevorstehenden Unterricht vorzubereiten, so fällt ihnen auch die Konzentration leichter.

Darüber hinaus macht es auch grundsätzlich Sinn, dass sich Kinder auch außerhalb der Schule und dem Unterricht mit dem Lernstoff auseinandersetzen. Immerhin kann dies zu einer Förderung der Motivation führen, da das Kind die Inhalte versteht.

Insbesondere im Zusammenhang mit dem Unterrichtsfach Biologie bietet es sich an, einen Ausflug in den Wald oder in den Zoo vorzunehmen. Um die meist recht trockenen Inhalte aus dem Geschichtsunterricht aufzubereiten, kann es sinnvoll sein, ein kindgerechtes Museum zu besuchen. Und auch ansonsten kann es empfehlenswert sein, Ihrem Kind den Umgang mit dem Computer, Smartphone oder dem Tablet zu Lernzwecken zu erlauben. Hier gibt es einige Plattformen, die speziell auf die Lerninhalte aus dem Schulunterricht ausgelegt sind und Ihrem Kind diese spielerisch nähergebracht werden.

✦ Emotionale Unausgeglichenheit

Nicht selten ist eine emotionale Unausgeglichenheit oder Stress die Ursache für das Auftreten von Konzentrationsstörungen. Inwiefern Ihr Kind durch bestimmte Situationen und Umstände belastet wird oder inwiefern dies nicht der Fall ist, hängt dabei mitunter davon ab, wie sich seine individuelle Erlebnisweise im Alltag darstellt.

So kann Ihr Kind möglicherweise eine Situation leichter verarbeiten, während dieselbe Situation ein anderes Kind womöglich belastet oder auch andersherum.
Sicherlich sind Ihnen selbst auch die „weichen Knie" bekannt in Situationen, in denen Sie aufgeregt sind oder in denen sich Stress breitmacht. Hierbei kommt es zu einer Spannung Ihrer Muskeln, die durch Angst, emotionale Belastung, Stress oder Überforderung verursacht werden kann. Genau dies kann bei Ihrem Kind ebenso passieren!
Umso wichtiger ist es, dass Ihr Kind bestimmte Voraussetzungen erfüllt, um so von einem guten Konzentrationsvermögen, einer positiven Leistungsfähigkeit und einem guten Wohlbefinden profitieren zu können. Jene Voraussetzungen bestehen neben emotionaler Ausgeglichenheit in einer guten Ernährung, ausreichend Bewegung, um die Durchblutung und somit auch die Sauerstoffversorgung der Organe gewährleisten zu können, genügend frische Luft sowie Schlaf. Sind diese Voraussetzungen erfüllt, werden Sie feststellen können, dass es zu einem ausgeglichenen Verhältnis zwischen Momenten von Ärger und Sorge mit Momenten der Freude und des Glückes kommt.
Bleibt jedoch eine Voraussetzung der vorgenannten unerfüllt, so können sich Konsequenzen in Form von Anspannungen, geringerer Belastbarkeit, einem Gefühl von Unlust, Kopfschmerzen, Kraftlosigkeit, Konzentrationsschwäche und Verspannungen einstellen.

✦ Erhöhter Medienkonsum

Mittlerweile ist es nicht mehr möglich, mobile Endgeräte wie Smartphones, Tablets und Ähnliches aus dem Alltag wegzudenken – und zwar nicht nur in der Erwachsenenwelt, sondern ebenso auch in jener des Großteils der Kinder. Immerhin besitzen Kinder in der Regel spätestens dann ihr erstes Smartphone, wenn sie aus der Grundschule in die weiterführende Schule wechseln. Natürlich steht dabei jedoch außer Frage, dass das Smartphone nicht nur dafür genutzt wird, um auf die unterschiedlichste Weise zu kommunizieren, sondern ebenso auch dafür, Filme anzusehen oder Spiele zu spielen. Diese Tatsache ist selbst für die meisten Kindergartenkinder nichts Neues.

Eine Studie, die von der Bundesregierung und dem Berufsverband der Kinder- und Jugendärzte, kurz BVKJ, durchgeführt wurde, zeigt klar auf, dass es immer wieder zu Schwierigkeiten führt, wenn Kinder oder auch die Eltern einen hohen Medienkonsum an den Tag legen. Dies äußert sich nicht nur in Form von eintretenden Konzentrationsschwierigkeiten, sondern ebenso auch in Störungen der Sprachentwicklung, Einschlafproblemen bei Babys sowie auch Fütterungsproblemen bei Babys.

Was aus der Studie auch klar wird, ist, dass 70 Prozent der Kinder, die sich noch im Kindergartenalter befinden, einen regelmäßigen Umgang mit mobilen Endgeräten, insbesondere dem Smartphone der Eltern pflegen. Im Schnitt offenbaren die

Zahlen eine Nutzungsdauer, die sogar eine halbe Stunde täglich überschreitet.
Kaum verwunderlich also, dass jene Kinder im Alter bis zu 6 Jahren, die regelmäßig mit einer intensiven Mediennutzung in Berührung gekommen sind, Zeichen von Hyperaktivität und Sprachentwicklungsstörungen äußern.
Grundsätzlich gilt, dass insbesondere Kleinkinder keinen Zugang zu mobilen Endgeräten benötigen, vielmehr sollten sie zunächst lernen, dass sie im realen Leben auf beiden Beinen stehen können. Allgemein lässt sich festhalten, dass der Medienkonsum bei Kindern im Alter von drei bis vier Jahren nicht mehr als wenige Minuten pro Tag betragen sollten. Hierbei sollten Kinder auch keinesfalls unbeobachtet bleiben, sondern stets von ihren Eltern begleitet werden, um ein Gefühl der Sicherheit zu vermitteln, sodass das Kind lernen kann, wo der genaue Unterschied zwischen den fiktiven Inhalten und der Realität liegt.
Bei Kindern im Vorschulalter ist es zunächst einmal nicht zu verteufeln, wenn sie hin und wieder einmal mit dem mobilen Endgerät umzugehen lernen. Dennoch sollte es auch in diesem Alter nicht zu einer Dauerbeschäftigung werden, sondern einer klaren Regelung unterliegen. Im Alltag gilt es demnach als sinnvoll, ein Zeitlimit von etwa 30 Minuten zu setzen. Sollten Sie dann doch einmal mit Ihrem Kind im Vorschulalter in den Urlaub fahren wollen, so ist es auf der Anreise durchaus zulässig, diese Zeit bewusst zu überschreiten.

Sobald das Kind in das Alter kommt, dass es vom Kindergarten in die Schule wechselt, sollten Sie sich bewusst machen, dass Ihr Kind das Lesen und Schreiben erlernt und somit auch selbstbewusster und selbstständiger mit den digitalen Medien umgehen wird. Allerdings sollten Sie Ihr Kind nicht alleine in die Medienwelt wandern lassen, sondern einen stetigen Überblick darüber haben, was Ihr Kind auf den mobilen Endgeräten konkret vornimmt. Denn hierbei macht es einen erheblichen Unterschied, ob Ihr Kind sich nun mit einem eher banalen Actionspiel befasst oder ob es sich mit anspruchsvolleren Aufgaben aus dem Bereich des Denksportes oder der Rätsel befasst. Ebenso gilt dies auch für den Konsum von Filmen, denn vor allem kindgerecht aufbereitete Wissenssendungen bieten Ihrem Kind mehr als Animationsfilme. Steuern Sie in diesem Alter also möglichst bewusst den Medienkonsum Ihres Kindes. Am einfachsten gelingt dies, wenn Ihr Kind noch kein eigenes Gerät besitzt, sondern Ihr Gerät verwendet.
Mit Erreichen des Stadiums, in dem es dann um den Wechsel von der Grundschule auf die weiterführende Schule geht, besitzen viele Kinder plötzlich ein eigenes Smartphone. Vor allem natürlich vor dem Hintergrund, dass sie für Ihre Eltern jederzeit erreichbar sein sollten. Umso wichtiger ist es allerdings, dass Ihr Kind genau weiß, wie es konstruktiv mit einem Gerät umgehen kann, denn von allein wird es dies nicht sofort können. Dementsprechend sinnvoll ist es, Filter auf den Geräten einzusetzen, die der elterlichen Kontrolle dienen. Mit diesen Filtern können Sie die Funktionen des Gerätes einschränken,

sodass sie auch bestimmte Inhalte für Ihr Kind sperren, sodass sie nicht zugänglich sind. Außerdem können Sie hierbei einrichten, ob Ihr Kind kostenpflichtige Apps herunterladen darf oder eben nicht.

- **Falsche Ernährung**

  Es ist nicht unüblich, dass sich eine Ursache für eine eintretende Konzentrationsschwäche in einer falschen Ernährung wiederfinden lässt. Ernähren Sie Ihr Kind zu einem großen Anteil von Fast Food, zu wenig Gemüse und Obst oder auch recht zuckerhaltigen Lebensmitteln, so ist die Wahrscheinlichkeit hoch, dass sich ein Nährstoff-Defizit einstellt. Dieses sorgt auch für eine Beeinträchtigung der Konzentrationsfähigkeit.

  Natürlich bedeutet dies nicht zwangsläufig, dass Sie Ihr Kind von nun an mit hoch dosierten Omega-3-Fettsäuren, Lipiden oder Vitaminen in Form von Spezialpräparaten versorgen sollen. Vielmehr sollten Sie Wert darauflegen, dass Sie Ihrem Kind eine ausgewogene Ernährung bieten, die aus viel Gemüse und Obst sowie wenig zuckerhaltigen Lebensmitteln und Fast Food besteht.

- **Gestörtes Lernumfeld**

  Wenn Ihr Kind unter einer Konzentrationsschwäche leidet, dann kann dies nicht selten zu Herausforderungen im Hinblick auf ein gestörtes Lernumfeld führen. Insbesondere im häuslichen Umfeld kann es durch Geschwister oder den Haushalt zu störenden Geräuschen und Lärm kommen, die die Konzentration beeinflussen können. Gleichermaßen gilt dies auch für den Umstand eines überfüllten Zimmers, in dem sich zu viele Möglichkeiten von Ablenkungen durch Medien, Spielsachen oder anderes bieten.

- ✦ **Kindliche Depressionen**
  Auch kindliche Depressionen können eine Ursache dafür sein, dass Ihr Kind unter Konzentrationsschwierigkeiten leidet. Diese Ursache tritt besonders im Schulalter auf. Hellhörig sollten sie werden, wenn Ihr Kind zusätzlich Symptome aufweist, die mitunter in einer Antriebslosigkeit, Desinteresse, Schlafstörungen, einer schwer fassbaren Traurigkeit sowie einer Verarmung der Mimik bestehen können.
- ✦ **Schlafmangel**
  Ein Mangel an Schlaf und somit auch an Erholung kann dazu führen, dass die Konzentration Ihres Kindes leidet. Achten Sie demnach immer darauf, dass Ihr Kind genügend Schlaf bekommt, um ausgeruht durch den Tag gehen zu können.
- ✦ **Tages- / Jahreszeit**
  Jeder Mensch – und so auch Ihr Kind – besitzt eine ganz individuelle Zeit des Tages und des Jahres, zu der die Leistungsstärke stärker ausgeprägt ist als zu einer anderen Zeit.
  Ob dies eine Ursache für die Konzentrationsschwäche Ihres Kindes ist, lässt sich herausfinden, indem Sie einmal beobachten, ob Ihr Kind die identischen Dinge zu einer bestimmten Tageszeit besser macht als sonst. Sollte dem nicht der Fall sein, so können Sie bei Bedarf eine bestimmte Zeit einführen, die dafür vorgesehen ist, dass Ihr Kind während dieser lernt. So kann sich der Biorhythmus Ihres Kindes hierauf spezifisch einstellen, um zu genau dieser Zeit arbeitsfähiger zu sein.

✦ Überforderung

Im Allgemeinen lässt sich festhalten, dass Kinder von Grund auf gewillt sind, etwas zu lernen. Dies kann sich jedoch schnell ändern, wenn zu viel Druck ausgeübt wird oder Kinder sich vor einer Vielzahl an Aufgaben zur gleichen Zeit wiederfinden. Vielmehr kann aus dieser Situation ein Lernfrust entstehen und der natürliche Wissensdurst schwinden, wodurch sich ein Mangel an Konzentration und Motivation erkennen lassen.

Dies lässt sich jedoch bereits im Vorhinein vermeiden, indem Sie darauf achten, dass Ihr Kind auch eine Aufgabe einmal hintenanstellen oder gar weglassen kann, sofern dies keine gravierenden Auswirkungen nach sich zieht.

Machen Sie sich bewusst, dass vor allem bei Kindern Multitasking oftmals den gegenteiligen Effekt besitzt, weshalb es wichtig ist, dass Ihr Kind lernt, eine Aufgabe nach der Nächsten zu absolvieren.

✦ Überlastung / zu viel Stress

Eine Ursache, die im Zusammenhang mit der Konzentrationsschwäche recht häufig auftritt, besteht in einer Überlastung seitens der Schule beziehungsweise auch innerhalb der Familie direkt. Womöglich haben Sie den Tag Ihres Kindes genauestens strukturiert, sodass es einem umfangreichen oder auch straffen Programm in seiner Freizeit nachgehen muss, was seine Konzentration maßgeblich beeinträchtigen kann.

Anspannungen können dafür sorgen, dass die Leistungsfähigkeit Ihres Kindes über einen kurzen Zeitraum hinweg gestört ist. Zwar ist dies nicht sofort schädlich, doch gerade wenn es auf Dauer auftritt, kann es zu einer Erschöpfung der Reserven Ihres Kindes führen. Infolgedessen sind die Anstrengungen, die Ihr Kind bei geringen Anforderungen aufbringen muss, deutlich ausgeprägter als es der Fall wäre, wenn es diesen im erholten Zustand nachgehen würde. Somit kann aus einer Anspannung schlussendlich auch eine Verspannung hervorgehen.

Umso wichtiger ist es, dass Sie Ihrem Kind in seinem Alltag regelmäßig Phasen der Erholung und Ruhe erlauben und es nicht permanent unter Stress steht.

✦ Unterforderung oder Hochbegabung

Allgemein besteht grundsätzlich auch die Möglichkeit, dass Ihr Kind hochbegabt oder schlichtweg unterfordert ist. Sollte dem so sein, so kann es vorkommen, dass Ihr Kind bei den Aufgaben entsprechend gedanklich einfach abschaltet.

Vor diesem Hintergrund ist es wichtig, das Ganze abklären zu lassen. Denn sollte eine Hochbegabung bestehen, diese jedoch nicht erkannt werden, so kann dies zu Verhaltensauffälligkeiten führen oder Ihr Kind gar als „Quälgeist" deklariert werden.

Im Begabtenzentrum wird Ihr Kind dahingehend getestet, um eine Diagnose über eine Konzentrationsschwäche beziehungsweise- Störung aufstellen zu können. Außerdem wird Ihnen dort mittels einer Reihe an bewährten Übungen, die die Konzentrationsfähigkeit zielgerichtet fördern sollen, weitergeholfen.

✦ Unterschiede zwischen dem Lernen zu Hause und in der Schule

Während Ihr Kind regulär zur Schule geht, sind die Unterrichtsstunden primär dafür vorgesehen, bestimmte Unterrichtsinhalte in bestimmten Unterrichtsfächern zu erlernen. Während dieser Zeit wird dafür Sorge getragen, die Ablenkungen so gering wie nur möglich zu halten, sodass die Konzentration nicht maßgeblich beeinträchtigt werden kann. Auch sind im Stundenplan Ihres Kindes klare Zeiten definiert, in denen Ihr Kind Pause hat, sodass das Gehirn Ihres Kindes sich während dieser Zeit erholen kann, bevor es an die nächste Konzentrationsphase geht.

Anders hingegen sieht es jedoch aus, wenn Ihr Kind etwas Zuhause lernen soll. Denn hier ist es nicht zwangsläufig mögliche, jegliche äußere Einflüsse vollständig auszuschalten. Immerhin befindet sich Ihr Kind zu Hause in seinem familiären Umfeld, was auch gewisse Ablenkungspotenziale mit sich bringt.

So kann zu Hause die Konzentration leiden, wenn der Arbeitsplatz Ihres Kindes unordentlich ist, wodurch Ihr Kind häufiger nach den notwendigen Arbeitsmaterialien suchen muss. Auch ein zu hoher Geräuschpegel, beispielsweise durch die Geschwister oder Musik kann zu einer Beeinträchtigung der Konzentration führen. Außerdem werden Kinder vor allem zu Hause dazu verleitet, immer weiter zu lernen, wodurch Pausen in Vergessenheit geraten. Weiterhin kann es für Ihr Kind zum Nachteil werden, wenn es keinen festen Lernplatz gibt, sodass

Ihr Kind immer wieder den Arbeitsbereich wechseln oder dieser nicht ausreichend ausgeleuchtet ist, was zu einer Überanstrengung führen kann. Ebenso hinderlich an einer kontinuierlichen Konzentration ist es, wenn Ihr Kind mit Zeitdruck konfrontiert oder mit Reizen überflutet wird.

All jene Umstände, die Zuhause auf ein Kind einprasseln und dieses belasten können, gibt es in dieser Form beim Lernen in der Schule nicht oder zumindest nicht in den gleichen Ausmaßen.

✦ Zu hohe Leistungserwartungen

Kinder werden häufig von außen mit gewissen Erwartungshaltungen im Hinblick auf Ihre Leistungen konfrontiert. Doch jene Leistungserwartungen können vor allem auf lange Sicht eine kontraproduktive Wirkung auf ein Kind entfachen.

Stellen sich erst einmal die ersten schulischen Frustrationen ein, so resultieren hieraus oft Lernunlust oder ein von Nervosität geprägtes Streben nach einer Besserung. Beide Konsequenzen können allerdings zu einer erheblichen Beeinträchtigung der Konzentrationsfähigkeit eines Kindes führen.

Außerdem sollte nicht vergessen werden, dass Kinder nicht selten bereits im Vorschulalter mit Freizeitstress belastet werden, der aus einem Überangebot an unterschiedlichen, teils an Termine gebundenen Aktivitäten hervorgeht.

Was hilft?

- Tipps zur Steigerung der Konzentration

Sie können eine Vielzahl an Tipps befolgen, um Ihrem Kind eine Unterstützung dabei zu sein, seine Konzentration zu maximieren. Eine Vielzahl dieser Tipps finden Sie nachstehend:

- **Äußern Sie Ihrem Kind gegenüber Lob anstelle von Kritik.**
  In der Regel ist Ihr Kind sehr bemüht, dass es die Dinge, die es macht, möglichst gut macht – und genau jene Anstrengung sollten Sie auch anerkennen und zwar völlig unabhängig davon, welchen Erfolg Ihr Kind mit diesen Anstrengungen erzielt. Dementsprechend bedeutet dies für Sie, dass Sie Ihr Kind nicht nur in den Momenten loben sollten, wenn es gute Noten mit nach Hause bringt, sondern auch dann, wenn Sie gesehen haben, welche Mühen Ihr Kind investiert hat, um das Lernziel zu erreichen. Wenn Sie Ihr Kind für die Bemühungen loben, die es an den Tag gelegt hat, so lernt es, dass es alles erreichen kann, solange es sich nur ausreichend dafür anstrengt.
  Wichtig ist in diesem Zusammenhang allerdings gleichermaßen auch, dass Sie Fehler nicht kritisieren, sondern diese als einen normalen Teil einer Lernaufgabe erachten. Stellen Sie fest, dass Ihrem Kind ein Fehler unterläuft, so erklären Sie, dass es nicht schlimm ist, einen Fehler zu machen, sondern manche Fehler sogar gemacht werden müssen. Schließlich lernt man aus Fehlern, was nicht selten sogar effektiver ist als den gradlinigen Lösungsweg einzuschlagen.

✦ **Bauen Sie ausreichend Abwechslung ein.**

Um die Konzentration sowie die Motivation Deines Kindes effektiv zu fördern, bietet es sich an, dass Du anstelle der steifen Lernmethoden auch alternative Lernmethoden einfließen lässt – ganz getreu dem Motto „Alles erlaubt, sofern es dem Lernerfolg und dem Wecken des Interesses dienlich ist".

Wenn Ihr Kind also beispielsweise im Sprachunterricht Vokabeln lernen muss, kann es von Vorteil sein, Ihrem Kind eine*n Tandem-Partner*in zu stellen oder Ihr Kind zu motivieren, eine*n Tandem-Partner*in zu finden. Ein*e solche*r Partner*in beherrscht die zu lernende Sprache zumeist auf Muttersprachen-Niveau. Ziel des Ganzen ist es, dass sich gegenseitig die eigene Muttersprache nähergebracht wird.

Alternativ kann es auch hilfreich sein, ein Buch in der Sprache zu lesen, die gelernt werden soll. Ein solches Buch erfüllt dabei zugleich den Zweck, dass Ihr Kind versteht, wofür es eigentlich so wichtig ist, die Fremdsprache zu lernen- und dieser besteht nicht darin, dass Ihr Kind ausschließlich gute Noten mit nach Hause bringt, sondern darin, dass es die Fähigkeit erwirbt, sich in einem anderen Land mit anderen Menschen in einer fremden Sprache unterhalten zu können.

Jener Umstand lässt sich dabei problemlos auf jedes Unterrichtsfach in der Schule projizieren. Je interessanter das Lernen gestaltet oder mit Beispielen aus dem Alltag untermauert wird, desto leichter fällt Ihrem Kind das Lernen in der Regel.

✦ **Bringen Sie Ihrem Kind entsprechende Atemübungen bei.**

Es gibt diverse Atemübungen, die dabei helfen können, dass Ihr Kind seine Konzentration gezielt ausrichten kann. Grundsätzlich ist es so, dass jegliche Anspannungen sowie auch Stress die menschliche Atmung oberflächlich werden lassen. An dieser Stelle gilt es anzusetzen, um Ihrem Kind eine innere Ruhe zu vermitteln, durch die sich zeitgleich auch die Konzentration verbessert.

Besonders zu empfehlen sind hierbei die Gorilla-Atmung, die Wechselatmung sowie die Wellenatmung.

Bei der Gorilla-Atmung geht es darum, dass Ihr Kind sich gedanklich vorstellt, dass es ein Gorilla sei. Hierbei sollte Ihr Kind im Stand eine aufrechte Haltung einnehmen und damit beginnen, tief einzuatmen, um die Luft dann anzuhalten. Im Anschluss sollte Ihr Kind mithilfe seiner Finger über seinen Brustkorb klopfen. Dabei sollte es von oben nach unten vorgehen und von links nach rechts. Sobald Ihr Kind dies erledigt hat, sollte es sich mit aufrechtem Oberkörper nach vorne beugen, sich dabei auf den Oberschenkeln abstützen und stoßweise langsam die Luft ausatmen, die es angehalten hat. Danach kann Ihr Kind wieder eine aufrechte Position einnehmen und mit der normalen Atmung beginnen.

Die Gorilla-Atmung geht nach dem ersten Durchgang in eine zweite Runde, die vom Ablauf her ähnlich wie die erste Runde verläuft, jedoch mit dem Unterschied, dass Ihr Kind seinen Brustkorb anstelle mit den Fingern nun mit den Handflächen abklopfen sollte.

Im Übergang zur dritten Runde der Gorilla-Atmung sollte Ihr Kind dann die Fäuste zum Abklopfen des Brustkorbes nutzen und nicht mehr die Handflächen.

Die Gorilla-Atmung sorgt dafür, dass der gesamte Körper Ihres Kindes gelockert wird und das stoßweise Ausatmen der angehaltenen Luft für das Auflösen einer mentalen Anspannung sorgt.

Die Wechselatmung hingegen kann Ihr Kind problemlos orts- und zeitunabhängig durchführen – und zwar ohne jegliche Vorbereitungen treffen zu müssen. Auch während der Wechselatmung sollte Ihr Kind sich in eine aufrechte Haltung begeben – ob es dies im Stehen oder Sitzen tun möchte, ist dabei Ihrem Kind überlassen. Nun geht es darum, dass Ihr Kind mithilfe des an der rechten Hand befindlichen Ringfingers sein linkes Nasenloch verschließt, um dann über einen Zeitraum von vier Sekunden hinweg durch das rechte Nasenloch einzuatmen. Anschließend sollte Ihr Kind mit dem Daumen seiner rechten Hand zusätzlich auch das rechte Nasenloch verschließen, um dann die Luft für weitere vier Sekunden anzuhalten. Sind die vier Sekunden vergangen, kann Ihr Kind sein linkes Nasenloch wieder öffnen und für vier Sekunden ausatmen. Danach geht es in der umgekehrten Reihenfolge wieder rückwärts. Das heißt Ihr Kind atmet durch sein linkes Nasenloch ein, verschließt dieses ebenfalls, hält seine Luft für vier Sekunden an und atmet dann wieder durch das rechte Nasenloch hindurch aus.

Der gesamte Vorgang sollte idealerweise mehrfach im gleichbleibenden Rhythmus wiederholt werden. Besonders gut eignet sich die Übung der Wechselatmung für die Anwendung vor oder auch während einer Prüfung.

Schlussendlich kann Ihr Kind zudem auch das Wellenatmen ausüben, bei dem es sich bequem auf dem Rücken hinlegt und damit beginnt, durch die Nase wie eine langsam ansteigende Welle einzuatmen und währenddessen bis sechs zu zählen. Beim Erreichen der Zahl Sechs erreicht auch die Welle ihren höchsten Punkt, was der Zeitpunkt ist, an dem Ihr Kind seine Luft für drei Pulsschläge anhalten sollte. Danach bricht die imaginäre Welle, sodass Ihr Kind die Luft langsam durch seinen Mund hinweg wieder ausströmen lassen kann. Danach sollte Ihr Kind noch einmal für weitere drei Pulsschläge seine Luft anhalten, bevor die nächste Wellenatmung beginnt.

✦ **Finden Sie das richtige Schwierigkeitslevel für Ihr Kind.**

Einfache Aufgaben können Ihr Kind schnell unterfordern, wodurch die Konzentration sinkt. Umso sinnvoller ist es, dass Sie sich mit der Schwierigkeit der Aufgabe selbst einmal auseinandersetzen und beobachten, ob die Konzentration Ihres Kindes ansteigt, sobald es Aufgaben lösen soll, die schwieriger sind.

Wenn Ihr Kind bei anspruchsvolleren Aufgaben jedoch noch weniger mit seiner Konzentration bei dieser ist, so liegt der Grund für die mangelnde Konzentrationsfähigkeit in der Regel in einem anderen Umstand bedingt, dem Sie unbedingt auf den Grund gehen sollten.

✦ Fördern Sie die eigene Motivation Ihres Kindes.

Zu den wohl wichtigsten Eigenschaften, die Ihr Kind im Laufe der Zeit lernen wird und die auch für das spätere Leben von Bedeutung sind, gehört neben der Fähigkeit sich selbst zu motivieren auch die Fähigkeit, konzentriert bei der Sache zu bleiben.

In den meisten Fällen lässt sich dabei erkennen, dass Kinder dann die größte Motivation aufweisen, wenn sie selbst die Entscheidung darüber treffen dürfen, was sie eigentlich lernen möchten. Doch insbesondere im Schulalltag ist dies nicht immer möglich, da der Unterricht häufig recht starr ausfällt.

Dies hindert jedoch nicht, dass Sie zu Hause Ihrem Kind die Entscheidung selbst überlassen, welche Aufgaben es zuerst erledigen möchte. Auch die Wahl der entsprechenden Lernmethode, die es hierfür nutzen möchte sowie auch die Uhrzeit, zu der Ihr Kind am motiviertesten ist, sollte Ihr Kind mitentscheiden dürfen.

Ein weiterer Faktor, der bei dem Ganzen eine gute Unterstützung sein kann, besteht in kleinen Belohnungen, die Ihr Kind sich selbst stecken kann. Belohnungen sorgen schließlich dafür, dass die eigene Motivation noch einmal gestärkt wird.

Wie genau dabei die Belohnung aussieht, können Sie ebenfalls ein wenig in die Hände Ihres Kindes legen. Beispielsweise könnte Ihr Kind sich als Belohnung dazu entschließen, Musik zu hören oder ein gemeinsames Spiel zu spielen.

Ein weiterer Anreiz, der dafür sorgen kann, dass Ihr Kind motivierter und konzentrierter bei der Sache ist, besteht in bunten

Merkzetteln, auf denen Sie kurze Lernsprüche festhalten können sowie einem ansprechenden Platz zum Lernen.

- **Fördern Sie Ihr Kind darin, zu lesen.**
  Eine Konzentrationsübung, die wirklich weiterhelfen kann, besteht im Lesen. Tatsächlich profitieren sowohl das Gehirn als auch die Fähigkeit, sich zu konzentrieren, erheblich davon, wenn Ihr Kind liest.
  Dies liegt mitunter daran, dass Ihr Kind aktiv gedanklich bei der Geschichte des Buches bleiben muss, um dieser folgen zu können. Jegliche Ablenkungen könnten dafür sorgen, dass die Geschichte ins Stocken gerät und nicht mehr nachvollziehbar bleibt.
  Dabei muss Ihr Kind auch gar nicht zwingend selbst lesen können, denn selbst das aktive Zuhören, während Sie Ihrem Kind etwas vorlesen, hilft dabei, dass die Konzentrationsfähigkeit Ihres Kindes gestärkt wird.
- **Lassen Sie ausreichend Pausen und Ruhe gegenüber Ihrem Kind zu.**
  Die Konzentrationsspanne liegt durchschnittlich bei dem Doppelten des eigenen Alters. Demnach kann ein Kind im Alter von 15 Jahren sich in etwa über einen Zeitraum von 30 Minuten hinweg konzentrieren. Im Anschluss an diese Zeit sollte darauf geachtet werden, dass Ihr Kind eine Pause einlegt, in der es sich erholen und ein Glas Wasser trinken kann. Nachdem 1 ½ bis 2 Stunden Zeit vergangen sind, sollten Sie für Ihr Kind eine längere Pause planen. In dieser Zeit wiederum kann Ihr Kind machen, was es möchte.

Halten Sie sich nicht daran, Ihrem Kind ausreichend Pausen während der Lernzeit einzuräumen, so kann es zu Problemen mit der Konzentration kommen.

- **Legen Sie mit Ihrem Kind selbstbestimmte, jedoch regelmäßig stattfindende Zeiten zum Lernen ein.**

Um ein gutes Ergebnis beim Lernen erzielen zu können und die Konzentration gezielt zu fördern, macht es Sinn, feste und vor allem regelmäßige Zeiten zum Lernen zu planen. Diese sollten Sie allerdings nicht eigenmächtig festlegen, sondern sie mit Ihrem Kind gemeinsam ausarbeiten, indem Sie überlegen, wann die ideale Zeit zum Lernen sein könnte. Am besten ist es, wenn es sich nicht zwingend um eine starre Zeit handelt, sondern Sie hier ein wenig flexibel bleiben.

Oftmals ist es so, dass Kinder vor allem dann, wenn sie von der Schule wieder nach Hause kommen, zunächst eine Weile Zeit benötigen, um sich auszuruhen und Kraft zu schöpfen. In einem solchen Fall ist die Konzentration dann meist höher, wenn die Abendstunden anbrechen. Sollte dem so sein, so macht es Sinn, die Lernzeit auf den Abend festzusetzen, sodass Ihr Kind die Aufgaben motivierter erledigen kann.

In anderen Fällen kann es allerdings auch so sein, dass die Motivation des Kindes am höchsten ist, wenn es gerade aus der Schule heimkehrt und ohnehin gedanklich noch bei der Schule ist. So kann es teilweise leichter fallen, sich wieder in die Aufgaben hineinzudenken.

Wichtig ist jedoch, dass Sie in jedem Fall Ihrem Kind die Freiheit geben, selbst entscheiden zu dürfen, wann es die Lernzeit anstreben möchte. Ihre Aufgabe besteht dann darin, zu prüfen, ob Ihr Kind diese auch wirklich einhält.

- **Machen Sie einen Plan und setzen Sie hierbei Prioritäten.**
  Für Ihr Kind ist es zum Teil noch schwierig, selbst Prioritäten für die Aufgaben zu setzen, die es zu erledigen hat. Dementsprechend sollten Sie am besten für Ihr Kind einen Plan erstellen, welche Aufgaben am besten umgehend erledigt werden sollten und welche der Aufgaben gegebenenfalls auch noch ein wenig Zeit haben. Ein solcher Plan und das Handeln danach erleichtern Ihrem Kind zudem auch seinen späteren beruflichen Alltag, denn das Setzen von Prioritäten ist dort unabdingbar.
  Wenn Ihr Kind sich beispielsweise auf eine Klassenarbeit vorbereiten muss, so macht es Sinn, dass Sie für Ihr Kind einen Lernplan anlegen. Idealerweise legen Sie einen solchen Lernplan auf fünf Tage aus, sodass Ihr Kind genügend Zeit hat, die Inhalte in Ruhe zu lernen.
- **Schaffen Sie eine angenehme Lernumgebung.**
  Damit die Konzentration Ihres Kindes gefördert werden kann. Ist es unumgänglich, dass Sie dafür Sorge tragen, dass auch die Lernumgebung Ihres Kindes adäquat ausgerichtet ist. Natürlich bedeutet dies insbesondere zu Beginn des Einrichtens einer idealen Lernumgebung einen gewissen Aufwand, doch ist dieser erst einmal gemeistert, werden Sie schnell erkennen können, welch positiver Einfluss daraus für Ihr Kind resultiert. Hierbei sollten Sie darauf achten, dass die Atmosphäre der Lernumgebung stimmig ist. Tatsächlich ist aber genau dies

ein Aspekt, der sehr häufig vernachlässigt wird. Allerdings ist es für Ihr Kind enorm wichtig, dass es sich in der Umgebung wohlfühlt, in der es lernen soll und es die Möglichkeit hat, dabei richtig abschalten zu können.
Außerdem ist es wichtig, dass Sie für eine gute Beleuchtung sorgen. Zwar ist es durchaus in Ordnung, wenn die Umgebung an sich abgedunkelt ist, jedoch sollte Ihr Kind keine Schwierigkeiten haben, bei der Helligkeit noch Bücher oder Texte lesen zu können.
Ebenfalls sollten Sie darauf achten, dass Ihr Kind nicht durch jegliche Benachrichtigungen in seinem Lernumfeld beeinträchtigt wird. Dementsprechend macht es Sinn, dass Ihr Kind zumindest während der Zeit des Lernens das mobile Endgerät auf stumm schaltet.
Wenn Sie den Arbeitsplatz Ihres Kindes gerne mit einem Computer ausstatten möchten, so sollten Sie darauf achten, dass Ihr Kind einen ausreichenden Abstand zum Bildschirm nehmen kann und die Helligkeit des Bildschirms nicht zu hell eingestellt ist. Denn insbesondere das Lesen von Texten auf einem sehr hellen Bildschirm kann dafür sorgen, dass die Augen stark ermüden.
Weiterhin sollten Sie schauen, dass Sie sich an dem Typ Ihres Kindes orientieren, was die Nebengeräusche der Lernumgebung anbelangt. Sicherlich gibt es einige Kinder, die problemlos damit zurechtkommen, wenn die Lernumgebung mal ein wenig lauter ist – andere Kinder hingegen benötigen an dieser

Stelle absolute Ruhe. Können Sie Letzteres in der Lernumgebung nicht gewährleisten, sollten Sie Ihr Kind zumindest mit Ohrstöpseln ausstatten, sodass es die Nebengeräusche ausblenden kann.

Dies schließt obendrein im Übrigen auch das Abspielen von Musik ein, denn auch diese kann die Konzentration Ihres Kindes beeinträchtigen. Schauen Sie, wie Ihr Kind hierbei reagiert. Einigen Kindern kann es helfen, wenn während des Lernens Musik im Hintergrund läuft, während es andere Kinder in ihrer Konzentration negativ beeinflussen kann.

Außerdem ist es wichtig, dass Sie die Lernumgebung Ihres Kindes mit dem notwendigen Material ausstatten. Am besten ist es, wenn sich dieses in unmittelbarer Reichweite befindet, sodass Ihr Kind nicht dazu gezwungen ist, inmitten des Lernens aufzustehen, um sich mit dem notwendigen Material zu versorgen.

Zudem macht es Sinn, dass Sie den Hintergrund der Lernumgebung Ihres Kindes sowie diese an sich möglichst neutral halten, sodass keine Unruhe entsteht und sie die Umgebung nicht immer wieder verändern. Denn das ständige Wechseln der Optik der Lernumgebung kann eine massive Störung der Konzentration Ihres Kindes hervorrufen.

Des Weiteren sollten Sie Ihr Kind, auch wenn es sich während dem Lernen direkt nicht zwingend bewegt, mit ausreichend Verpflegung, sprich Essen und Getränken, versorgen, sodass Ihr Kind das notwendige Energielevel halten oder auch wieder heben kann.

✦ **Setzen Sie neue Medien ein, um den Spaß am Lernen zu erhöhen.**

Es gibt eine Vielzahl an Lernprogrammen, die speziell dafür konzipiert wurden, Kindern das Lernen zu erleichtern. Wenn es um schulische Inhalte geht, so sind diese in aller Regel auf den Plattformen an die Inhalte des jeweiligen Bundeslandes angepasst, wodurch Ihr Kind spielerisch von zu Hause aus noch einmal die Lerninhalte nachbereiten und verinnerlichen kann.

Jene Angebote werden häufig durch Unternehmen mit diversen Siegeln versehen, die dafür vorgesehen sind, die Qualität des Angebotes zu bewerten.

Dennoch gilt grundsätzlich, dass Ihr Kind hierfür einen sicheren Umgang mit den neuen Medien beherrschen können sollte. Sollten Sie selbst das Ganze nicht im Detail einschätzen können, so stehen Ihnen online diverse Medienkompetenz-Tests zur Verfügung.

✦ **Sorgen Sie dafür, dass Ihr Kind sich ausreichend bewegt.**

Haben Sie einen Blick darauf, dass Ihr Kind nicht über einen zu langen Zeitraum hinweg liegt oder sitzt, denn dies kann schnell dazu führen, dass der Kreislauf Ihres Kindes sich drastisch senkt. Umso wichtiger ist es, dass Sie Ihr Kind dazu anhalten, sich mindestens alle 30 bis 40 Minuten zu bewegen. Dies sorgt nicht nur dafür, dass Ihr Kind körperlich fit bleibt, sondern auch dafür, dass die Konzentration angeregt wird.

In einigen Fällen kann es sogar hilfreich sein, wenn Ihr Kind dem Lernen in Bewegung oder im Stehen nachgeht. Richten Sie sich hier nach Ihrem Kind und danach, was ihm guttut.
Vor diesem Hintergrund macht es durchaus Sinn, dass Sie den Arbeitsplatz Ihres Kindes an einem Ort einrichten, an dem es auch die Möglichkeit dazu hat, inmitten des Lernens aufzustehen und sich ein wenig zu bewegen – und zwar ohne dass Ihr Kind sich dabei Sorgen darum machen müsste, beklaut zu werden.

- **Sorgen Sie für Ordnung und einen Überblick.**

  Insbesondere dann, wenn es darum geht, dass Ihr Kind gleich eine Vielzahl an Dingen zu erledigen hat, die es jedoch noch nicht detailliert kennt, so ist es nicht ungewöhnlich, dass sich beim Arbeiten eine gewisse Unruhe einstellt. Vor diesem Hintergrund macht es Sinn, dass Sie Ihr Kind in einem Gespräch über die genauen Inhalte der Aufgaben aufklären und Sie eine Reihenfolge festlegen, in der Ihr Kind die Aufgaben am besten erledigen sollte.
  Entsprechend dem Alter Ihres Kindes kann es die Aufgaben gegebenenfalls auch selbstständig absolvieren. Sofern Sie Ihrem Kind diese Freiheit gewähren möchten, sollten Sie jedoch immer mal wieder nachfragen, ob Ihr Kind zurechtkommt oder Hilfe benötigt.

- **Arbeiten Sie Entspannungstechniken mit Ihrem Kind aus.**

  Für Ihr Kind ist es von erheblicher Bedeutung, dass es sich tagsüber sowie auch vor dem Schlafengehen gezielt zur Ruhe bringen kann. Hierfür bietet es sich an, Entspannungsübungen auszuwählen, die genau diesen Effekt haben. Wichtig ist, dass Ihr Kind diesen Übungen regelmäßig nachgeht, sodass eine gewisse Routine daraus resultiert und es Ihrem Kind schneller gelingen kann, in den Zustand der Tiefenentspannung einzutreten.

Eine der Entspannungstechniken besteht in der Achtsamkeit, die bei vielen Kindern aufgrund des bestehenden Stresses viel zu kurz kommt und Kinder sich nicht im Hier und Jetzt wiederfinden. Sollte es auch Ihrem Kind so gehen, so macht es Sinn, dass Sie mit ihm gezielt an der Achtsamkeit arbeiten. Hierfür können Sie Ihrem Kind meditative Musik einschalten und Ihr Kind dazu anhalten, seine Augen zu schließen und tief ein- und auszuatmen, während es seinen Fokus auf jeden einzelnen Atemzug legt, um in seine eigene Mitte zurückzukehren. Außerdem sollten Sie Ihr Kind regelmäßig danach fragen, was ihm an dem gegenwärtigen Tag besonders gut gefallen hat, wodurch Sie Ihr Kind aktiv dazu anhalten, intensiv nachzudenken.

Eine weitere Technik, die dabei helfen kann, dass sich Ihr Kind entspannt und seine Konzentration stärkt, besteht darin, dass es Mandalas ausmalt. Hierbei handelt es sich im Grunde genommen um nichts anderes als Kreisbilder, die einer gewissen Regelmäßigkeit folgen und dadurch eine Struktur bilden. Sie richten sich immer zum Mittelpunkt hin aus. Wenn Ihr Kind also ein Mandala ausmalen möchte, so ist es dazu angehalten, die Struktur beizubehalten und so zur Ruhe zu kommen. Es ist dabei keinesfalls erforderlich, dass Sie sich etwas völlig

Neues ausdenken, vielmehr kann Ihr Kind in allen bunten Farben drauflosmalen, wenn es dies wünscht.

- **Üben Sie mit Ihrem Kind sich zu konzentrieren.**

  Auf dem Markt gibt es unzählige Bücher, die eine Menge an Konzentrationsübungen beinhalten, die für jüngere sowie auch ältere Kinder ausgelegt sind. Gleichermaßen gibt es auch spezielle Programme für die Computer, die auf selbiges ausgelegt sind.

  Nehmen Sie diese Möglichkeiten wahr, um die Konzentration Ihres Kindes zu fördern. Letztlich handelt es sich bei der Konzentration um einen Aspekt, der geübt werden kann und je mehr Ihr Kind sich damit auseinandersetzt, desto besser wird es ihm gelingen, sich zu konzentrieren.

- **Wecken Sie das Interesse und die Motivation Ihres Kindes.**

  Kindern gelingt es wesentlich einfacher mit ihrer Konzentration bei einer Sache zu bleiben, wenn sie diese als motivierend und spannend ansehen. Dementsprechend gilt es das Interesse Ihres Kindes zu wecken, indem Sie die spannenden Aufgaben hervorbringen.

  Wenn Ihr Kind beispielsweise Englisch lernen soll, so ist es für dieses wesentlich interessanter, wenn es die Liedtexte der Songs seiner Lieblingsband übersetzen kann, als lediglich langweilige Vokabeln starr auswendig zu lernen.

  Sie möchten Ihrem Kind Mathe näherbringen? Dann bauen Sie doch mit Ihrem Kind spannende Figuren wie beispielsweise einen Drachen aus Holz, bei dem Sie Ihr Kind ausrechnen lassen, welche Proportionen und Längen die Holzleisten, die zum Bauen des Drachens benötigt werden, haben müssen.

Um Ihrem Kind Geschichte näherzubringen, können Sie zum Beispiel auch ein naturwissenschaftliches Museum besuchen oder eine Ruine erkunden.

All diese Möglichkeiten erleichtern es Ihrem Kind, die Inhalte aus dem Unterricht aufgrund der Greifbarkeit besser zu verstehen und sich mit vollem Interesse mit diesen zu beschäftigen.

Mehr Lernerfolg in der Schule

Wer sich entschieden hat, etwas zu tun
und an nichts anderes denkt,
überwindet alle Hindernisse
- Giacomo Girolamo Casanova

Verschiedene Arten von Lerntypen

Oftmals ist es nicht einer mangelnden Intelligenz geschuldet, dass ein Kind in der Schule schneller oder langsamer lernt. Vielmehr kann es sein, dass der Grund in den unterschiedlichen Lerntypen zu finden ist, die es gibt.

Im Allgemeinen werden beim Lernen sowohl die Augen als auch die Hände und Ohren genutzt. Dies sorgt dafür, dass die Inhalte, die es zu erlernen gilt, auf diverse Wege in das menschliche Gehirn gelangen. Umso wichtiger ist es, dass Sie wissen, welchem Lerntyp Ihr eigenes Kind zugehörig ist, um es so im Lernen unterstützen zu können.

Zunächst ist es dafür allerdings wichtig, dass Sie erst einmal erfahren, was es eigentlich mit den einzelnen Lerntypen auf sich hat. So findet eine Unterscheidung in den auditiven Lerntyp, den haptischen Lerntyp, den kommunikativen Lerntyp sowie den visuellen Lerntyp statt.

Der auditive Lerntyp

Beim auditiven Lerntyp geht es darum, dass die Inhalte besonders gut mithilfe des Hörens erlernt werden können. Dementsprechend leicht fällt es Kindern, die diesem Lerntyp angehören, mündlichen Vorträgen zu folgen und sich die Inhalte, die erläutert werden, einzuprägen. Kaum verwunderlich also, dass insbesondere jene Kinder von dem klassischen Unterricht in der Schule sehr profitieren.

Der auditive Lerntyp lernt etwas vor allem dann, wenn er sich selbst Texte laut vorliest oder sich diese vorlesen lässt. Außerdem fällt es dem auditiven Lerntyp besonders leicht, sich Dinge zu merken, wenn er hierüber einen eigenen Vortrag gestaltet.

Häufig werden Sie bei den auditiven Lerntypen auf Eselsbrücken stoßen, die sie sich selbst kreieren – ebenso wie auch auf Lieder und Reime, die dazu dienen sollen, sich die zu lernenden Inhalte besser zu merken.

Für den auditiven Lerntypen ist es unumgänglich, dass die Lernumgebung, in der er sich befindet, ruhig ist. Geräusche hingegen können schnell zu einem Gefühl der Störung führen, weshalb auch Musik als Hintergrundgeräusch nicht gern gesehen ist. Dennoch gibt es tatsächlich auch Kinder, die dem auditiven Lerntyp angehören und die das genaue Gegenteil beweisen, indem sie besonders dann gut lernen können, wenn sie im Hintergrund von entspannter Musik begleitet werden.

Der haptische Lerntyp

Bei dem haptischen Lerntyp geht es darum, sich die Dinge besser zu merken, indem das „Learning by Doing"-Prinzip verfolgt wird und er selbst am Prozess des Lernens Beteiligung findet. Dementsprechend leicht fällt es dem haptischen Lerntypen also, sich Informationen zu merken, wenn diese mittels Bewegungen oder dem Fühlen aufgenommen wurden.

Im Detail bedeutet dies, dass es für Kinder, die diesem Lerntyp zugehörig sind, am besten ist, wenn sie sich während des Lernens in Aktion und Bewegung befinden. Diese Bewegungen können im Auf- und Ablaufen bestehen, aber auch im Wippen auf dem Stuhl. Demnach handelt es sich hierbei keinesfalls um ein Zeichen dafür, dass Ihr Kind zwingend unkonzentriert sein muss.

Das heißt, für den haptischen Lerntyp stellt es zweifelsohne einen Vorteil dar, wenn er sich über Entfernungen hinwegbewegen, Distanzen ausmessen oder Rechenaufgaben durch die Hilfe von Objekten lösen kann.

Um es ein wenig mehr zu konkretisieren und verständlicher werden zu lassen: Zeigt man einem Kleinkind ein Bild, welches eine Tasse abbildet, so kann es sich die Form deutlich schlechter merken und sich gar an diese erinnern, als wenn es die Tasse physisch in die Hand genommen hat und die Konturen mit den eigenen Fingern abfahren konnte.

Der kommunikative Lerntyp

Ähnlich wie auch beim auditiven Lerntyp ist es beim kommunikativen Lerntyp das Sprechen, worüber Informationen am besten verstanden werden können. Allerdings wird vom kommunikativen Lerntyp im Vergleich zum auditiven Lerntyp der unmittelbare Austausch mit anderen präferiert. Das heißt, die zu lernenden Inhalte werden gerne besprochen, um dann eine intensive Diskussion über diese führen zu können.

Das Ganze ist auf den Umstand zurückzuführen, dass es während Gesprächen zu einem Versenden und Empfangen diverser Emotionen kommt, welche wiederum das Signal an das Gehirn abgeben, dass es sich um wichtige Informationen handelt, welche es zu speichern gilt.

Somit können Kinder, wenn sie dem kommunikativen Lerntyp angehören, sowohl in die Rolle der erklärenden Person als auch in die der fragenden Person treten. Unabhängig davon, welche der beiden Positionen bezogen wird, handelt es sich um einen hilfreichen Aspekt für diesen Lerntyp.

Der visuelle Lerntyp

Gehört Ihr Kind zum visuellen Lerntyp, so lernt es vor allem dann am leichtesten und schnellsten, wenn es Dinge beobachten und sehen kann. Demnach ist es für diesen Lerntyp sinnvoll, mit Bildern, Texten und Videos zu arbeiten, um die Lerninhalte verständlich zu vermitteln.

Der visuelle Lerntyp ist besonders gut darin, sich an Dinge zu erinnern, die eigenständig gelesen oder gesehen wurden. Um dies so simpel wie möglich zu gestalten, greifen Kinder des visuellen Lerntyps gerne zu bunten Farben, um mit diesen ihre Grafiken und Texte zu markieren oder sich auch eigene Notizen niederzuschreiben. Letzteres sorgt noch einmal verstärkt dafür, dass die Inhalte im Gedächtnis verbleiben, da sich der Kopf intensiver mit den Dingen beschäftigt, die eigenständig aufgeschrieben werden– und zwar noch vielmehr als es beim reinen Lesen der Fall ist. Dies ist auch der Grund, warum handschriftliche Notizen so hilfreich sein können.

Doch nicht nur die Materialien, die zum Lernen gedacht sind, sind für den visuellen Lerntyp von erheblicher Bedeutung, sondern auch die entsprechende Lernumgebung. Kinder des visuellen Lerntyps benötigen eine Umgebung zum Lernen, in der sie sich wohlfühlen und wo eine gewisse Ordnung herrscht, um die Reize auf ein Minimum zu reduzieren.

Die Mischung macht's

Allgemein lässt sich festhalten, dass es nicht schlichtweg den einen Lerntyp gibt, da Menschen nicht ausschließlich durch lediglich einen einzigen Sinn lernen. Kaum verwunderlich also, dass es immer wieder zum Auftreten von Mischformen kommt.

Der Lerntypentest, den Sie im nächsten Kapitel finden, hilft Ihnen dabei herauszufinden, welche Lerntypen von Ihrem eigenen Kind präferiert werden.

Dadurch wird der Test jedoch nicht weniger nützlich, schließlich können Sie anhand des Wissens, welchem Lerntyp Ihr Kind sich zugehörig fühlt, die entsprechenden Lernmethoden ausfindig machen, die Sie für Ihr Kind idealerweise anwenden können, um ihm das Lernen zu erleichtern und ihm eine größere Freude daran zu bereiten.

Allerdings raten Lernexpert*innen davon ab, dass Sie nur auf eine einzige Lernmethode setzen, die dem Lerntyp zugeschrieben werden kann. Stattdessen ist es zu empfehlen, dass unterschiedliche Lernmethoden aus verschiedenen Lerntypen herangezogen werden. Durch die gezielte Kombination der Methoden der Lerntypen lässt sich auf diese Weise, dem Institut für integrative Lerntherapie und Weiterbildung nach, die Quote der Erinnerung steigern.

Betrachtet man beispielsweise das auditive Lernen alleinstehend, so liegt die Erinnerungsquote beispielsweise bei 20 Prozent. Dies wiederum hat zur Folge, dass Ihr Kind einen Großteil dessen, was es zuvor gehört hat, binnen kurzer Zeit wieder vergisst. Wenn jedoch eine Kombination aus dem auditiven und visuellen Lernen stattfindet, so findet eine Steigerung der Erinnerungsquote auf 50 Prozent statt. Wenn gar Lernmethoden aus jedem einzelnen Lerntyp miteinander verbunden werden, so ist es möglich, eine Erinnerungsquote von 90 Prozent zu erzielen.

Der Lerntypentest

Um herauszufinden, welche Lernmethode sich bestmöglich für Ihr Kind eignet, sollten Sie herausfinden, welcher Lerntyp für Ihr Kind eigentlich zutreffend ist. Hierbei hilft Ihnen der nachstehende Lerntypentest. Beantworten Sie hierfür einfach die nachstehenden Fragen und markieren Sie sich die gewählte Antwort. Jeder einzelne der Buchstaben ist einem bestimmten Lerntyp zugehörig. Der Buchstabe, der am Ende des Tests am meisten ausgewählt wurde, ist der vorrangige Lerntyp Ihres Kindes.

1. Auf welche Weise bringt Ihr Kind seine Emotionen zum Ausdruck, wenn es beispielsweise traurig oder wütend ist?
   a. Es wählt die kreative Weise, indem es zum Beispiel etwas malt oder einen Eintrag in seinem Tagebuch verfasst
   b. Es sucht nach Ablenkung oder nimmt Abstand, indem es sich zurückzieht
   c. Es äußert seine Emotionen uneingeschränkt, zum Beispiel durch das Weinen oder einen Wutausbruch
   d. Es kommuniziert die eigenen Emotionen ganz offen und versucht dabei, eine Begründung zu finden
2. Sie spielen ein Brettspiel mit Ihrem Kind, welches es bisher nicht kannte. Wie reagiert es darauf?
   a. Ihr Kind befasst sich zunächst mit dem geschriebenen Regelwerk und liest dieses aufmerksam durch
   b. Ihr Kind spielt in der ersten Runde noch nicht mit

c. Ihr Kind spielt die erste Runde einfach mit

d. Ihr Kind lässt sich vor dem Beginn des Spieles die Regeln erläutern

3. Was für ein Spiel mag Ihr Kind besonders gerne?

   a. Memory

   b. Blinde Kuh

   c. Fangen

   d. Ich sehe was, was Du nicht siehst

4. Welchen Aktivitäten geht Ihr Kind gerne in seiner Freizeit nach?

   a. Es liest gerne oder schaut fern

   b. Es hört sich gerne Hörbücher oder Musik an

   c. Es bastelt gerne oder treibt Sport

   d. Es trifft sich gerne mit Freund*innen

5. Welche Aussage würden Sie über Ihr Kind als zutreffendste beschreiben?

   a. Ihr Kind ist eher eine ruhige Natur, die auch gerne einmal allein ist

   b. Ihr Kind umgibt sich am liebsten mit seinem/ seiner besten Freund*in

   c. Ihr Kind ist eher anhänglich und wägt sich kontinuierlich in der Nähe von Personen, die ihm bekannt sind

   d. Ihr Kind besitzt einen großen Freundeskreis und umgibt sich gerne mit Menschen

6. Welche Sportart präferiert Ihr Kind?
    a. Sportarten wie zum Beispiel Tanzen oder Turnen, bei denen Musik eine tragende Rolle spielt
    b. Sportarten wie Schach oder Taekwondo, bei denen es auf die Konzentration ankommt
    c. Sportarten wie zum Beispiel Leichtathletik oder Skifahren, bei denen es notwendig ist, dass Ihr Kind in seinen Bewegungen gefordert wird
    d. Sportarten wie Fußball, Völkerball oder Volleyball, bei denen es um den Zusammenhalt im Team geht
7. Welche Unterrichtsfächer bevorzugt Ihr Kind?
    a. Biologie und Chemie
    b. Geschichte und Musik
    c. Kunst und Sport
    d. Deutsch und Religion
8. Wie geht Ihr Kind vor, wenn es erkennt, dass es einer anderen Person nicht gut geht?
    a. Ihr Kind fühlt im Stillen mit der betroffenen Person mit
    b. Ihr Kind schenkt der betroffenen Person ein offenes Ohr und verarbeitet dann die Informationen, die ihm mitgeteilt wurden
    c. Ihr Kind versucht auf die betroffene Person einzugehen, indem es diese umarmt und allgemeinen Trost spendet
    d. Ihr Kind sucht ein Gespräch mit der betroffenen Person

9. Wie geht Ihr Kind vor, wenn es zu einem Problem mit einem Spielzeug kommt?
   a. Es liest sich die Anleitung zur Inbetriebnahme des Spielzeuges durch
   b. Es geht offen auf jemanden zu und fragt, ob die Person das Problem lösen kann
   c. Es drückt, in der Hoffnung, dass das Spielzeug danach wieder funktioniert, diverse Knöpfe und Tasten
   d. Es geht auf jemanden zu und lässt sich von einer anderen Person erklären, wie es ihm gelingen kann, das Problem selbst zu lösen
10. Wie handelt Ihr Kind, wenn es sich über die Schreibweise eines Wortes unsicher ist?
   a. Ihr Kind schreibt diverse Versionen des Wortes auf, um auf diese Weise herauszufinden, welche der Versionen richtig aussieht
   b. Ihr Kind sagt sich das entsprechende Wort selbst laut vor, um dann gemäß dem jeweiligen Klang eine Entscheidung zu treffen
   c. Ihr Kind verlässt sich darauf, was sein Bauchgefühl ihm sagt und schreibt die Version dann einfach auf
   d. Ihr Kind fragt eine Person, die die Schreibweise kennt, wie das Wort richtig geschrieben wird

A) Visueller Lerntyp B) Auditiver Lerntyp
C) Haptischer Lerntyp D) Kommunikativer Lerntyp

Typgerechte Lernmethoden – welche Lernmethode Sie wann anwenden sollten

Gemäß dem Lerntyp, dem Ihr Kind zugehörig ist, gibt es unterschiedliche Lernmethoden, die angewandt werden können. Wie Sie bereits erfahren haben, macht es zur Steigerung der Erinnerungsquote durchaus Sinn, eine Kombination der unterschiedlichen Methoden anzustreben. Welche dies konkret sind, erfahren Sie in diesem Kapitel.

Der auditive Lerntyp

- Gespräche, Lern-CDs, Lerninhalte anhören und aufnehmen, Vorträge -

Informationen können im Rahmen dieses Lerntyps besonders gut aufgenommen, abgespeichert und abgerufen werden, wenn sie auditiv aufgenommen wurden.

- **Animieren Sie Ihr Kind dazu, sich zu unterhalten.**
  Eine gute Hilfestellung für Ihr Kind kann es sein, wenn Sie Lerngruppen organisieren oder Ihr Kind in eine bestehende Lerngruppe einbringen, in der über die Inhalte gesprochen wird, welche es zu lernen gilt. Deshalb macht es durchaus Sinn, dass Sie bei der Suche nach geeigneten Lernpartner*innen ein Auge darauf werfen, dass Sie von der Art des Lernens mit der Ihres Kindes vereinbar sind.

Die vielen Inhalte, die im Rahmen der Gespräche immer wiederholt werden, sorgen dafür, dass sich die Informationen nach und nach immer besser im Gehirn Ihres Kindes verankern.

✦ **Erklären Sie Ihrem Kind, dass es wichtig ist, aktiv zuzuhören.**

Insbesondere für den auditiven Lerntyp ist es entscheidend, dass es sich darauf fokussiert, den Informationen aktiv zu folgen. Hierfür ist es wichtig, dass Ihr Kind lernt, die wichtigen Informationen von jenen zu entscheiden, die keine Relevanz besitzen. Darüber hinaus ist es für Ihr Kind hilfreich, wenn es auf Schlüsselaussagen achtet wie zum Beispiel „besonders wichtig ist, (···)" oder „hervorzuheben ist (···)", gleichermaßen gilt dies auch für die Gestik und Mimik, die die vortragende Person an den Tag legt.

✦ **Lassen Sie Ihr Kind die Texte laut lesen oder lesen Sie sie ihm vor.**

In der Schule wird Ihr Kind kaum darum herumkommen, lange Texte lesen zu müssen. Doch gerade dann, wenn Ihr Kind dem auditiven Lerntyp zugehörig ist, kann dies eine Herausforderung werden. Doch wo Herausforderungen zu finden sind, dort gibt es auch Lösungen – und auch wenn es sich im ersten Augenblick womöglich albern anfühlen mag, kann es für Ihr Kind doch extrem hilfreich sein, damit zu beginnen, die Texte laut vorzulesen. Durch die Kombination, die sich hierbei aus dem Hören und Lesen ergibt, kommt es zu positiven Auswirkungen auf die Lernerfolge Ihres Kindes.

✦ **Lassen Sie Ihr Kind Hörbücher aufnehmen oder nehmen Sie diese für Ihr Kind auf, statt Notizen zu schreiben.**

Häufig ist es hilfreich, die Informationen, die es zu lernen gilt, in einer Zusammenfassung niederzuschreiben. Bei dem auditiven Lerntyp muss dies jedoch nicht zwingend schriftlich geschehen, sondern kann anstelle dessen auch durch die Aufnahme eines eigenen Hörbuches abgedeckt werden. Hierfür eignet sich die simple Aufnahmefunktion eines Smartphones. Während der Aufnahme des Hörbuches kann Ihr Kind sich mit seiner Fantasie frei entfalten und seinen Gedanken freien Lauf lassen. Möglichkeiten wären beispielsweise ein Interview mit sich selbst zu führen, eine Diskussion darüber anzustreben, welche Vor- und Nachteile das zu lernende Thema mit sich bringt oder auch eine generelle Erklärung der wichtigen Themen sich selbst gegenüber.

Diese Inhalte sollte Ihr Kind sich dabei immer wieder selbst laut vorsprechen. Sollte es sich hierbei unsicher fühlen oder das Empfinden entwickeln, dass es Sie oder auch andere Familienmitglieder auf diese Weise stören könnte, so kann Ihr Kind die Aufnahme zum Beispiel auch im Garten oder bei einem Spaziergang aufzeichnen.

✦ **Lassen Sie Ihr Kind mit YouTube lernen.**

Für eine Vielzahl an Themen, die Ihr Kind interessieren könnten und die im Rahmen des Schulunterrichtes dran kommen gibt es gut aufbereitete Videos, die auf YouTube zur Verfügung gestellt werden. Genau dies ist für den auditiven Lerntyp ideal. So ist es möglich, dass Ihr Kind den Stoff, den es lernen soll, in einer ruhigen Lernumgebung so oft anhören kann, wie es Ihr Kind gerne wünscht. Dennoch sollten Sie hierbei bedenken, dass es gegebenenfalls zu Abweichungen zu den Inhalten kommen kann, die im Schulunterricht bearbeitet werden.

- **Sorgen Sie dafür, dass Ihr Kind den Schulunterricht wahrnimmt.**
  Abgesehen von der Tatsache, dass Ihr Kind in Deutschland ohnehin einer Schulpflicht unterliegt, ist es wichtig, dass Ihr Kind den Schulunterricht mit seiner Präsenz wahrnimmt. Denn für den Lernerfolg Ihres Kindes ist es entscheidend, dass es die wichtigen Inhalte hören und sich aktiv an Diskussionen beteiligen kann.
- **Vermeiden Sie, dass Ihr Kind störenden Geräuschkulissen ausgesetzt ist.**
  Aufgrund des Umstandes, dass sich der auditive Lerntyp binnen kurzer Zeit durch Geräusche ablenken lässt, ist es wichtig, dass Sie dafür Sorge tragen, dass die Atmosphäre für Ihr Kind während des Lernens ruhig ist. Unter Umständen kann es Ihr Kind unterstützen eine Einstiegsphase einzuleiten, in der es sich durch das Hören von geeigneter Musik in eine Stimmung bringt, in der es aufnahmefähig ist.

Der haptische Lerntyp

- Bewegung, Experimente, Gruppenaktivitäten, Modelle, Nachmachen, Rollenspiele -

Aufgrund des Umstandes, dass der haptische Lerntyp mittels Bewegungen und aktiven Betätigungen lernt, sind die Lernmethoden sehr auf Aktivitäten ausgerichtet.

✦ Animieren Sie Ihr Kind dazu, sich zu bewegen.

Für den haptischen Lerntyp ist es wichtig, die Umwelt auf körperliche Weise zu begreifen. Dementsprechend praktisch ist dieser Lerntyp veranlagt, wodurch es durchaus sehr helfen kann, wenn dieser Lerntyp sich während er versucht, Informationen zu lernen, in die aktive Bewegung übergeht – und zwar auch dann, wenn die Bewegung keinen unmittelbaren Zusammenhang zu den erlernenden Inhalten aufweist. Unter Umständen kann es auch von Vorteil sein, wenn das Lernen im Stehen ausgeübt wird.

Animieren Sie Ihr Kind dazu, dass es während des Lernens auch einmal einen Spaziergang einlegt oder es beim Spazieren auch von jemandem begleitet wird, dem Ihr Kind die erlernten Inhalte mitteilen kann. Selbst ein Spaziergang, bei dem Ihr Kind die Karteikarten, die mit den Lerninhalten beschrieben sind, mitnimmt und diese unterwegs durchgeht, kann hilfreich sein.

✦ **Motivieren Sie Ihr Kind zu schreiben.**

Es mag sich zwar erst einmal ein wenig trocken und durchaus sehr theoretisch anhören, doch dem haptischen Lerntyp kann es enorm helfen, wenn er die Informationen, die er sich merken soll, niederschreibt. Hierbei sollte auch nicht vergessen werden, dass es sich beim Schreiben an sich um eine praktische Tätigkeit handelt.

Besonders hilfreich ist es, wenn der zu erlernende Inhalt mehrmals am besten in Form von Zusammenfassung aufgeschrieben wird.

✦ **Setzen Sie auf das Motto „Learning by Doing".**

Insbesondere in der Schule wird Ihr Kind im Laufe seiner Schulzeit damit konfrontiert sein, unterschiedliche Fremdsprachen erlernen zu müssen. Damit ihm dies gelingt ist es vor allem in der Anfangszeit wichtig, dass Ihr Kind viel zu sprechen beginnt und die Kenntnisse, die es in der Theorie lernt, auch in der Praxis umzusetzen. Auf diese Weise prägen sich sowohl die Grammatik als auch die Vokabeln um einiges besser ein.

Unter Umständen macht es sogar Sinn, einen Kurzurlaub anzustreben, in dem Ihr Kind sein neues Wissen aktiv anwenden kann.

Der kommunikative Lerntyp

- Dialoge, Diskussionen, Interviews, Lerngruppen, Quizze, Rollenspiele -

Wie es auch bereits aus dem Namen hervorgeht, kann der kommunikative Lerntyp am besten lernen, wenn es über die Kommunikation stattfindet. Dementsprechend kann Ihr Kind sich die zu lernenden Inhalte am besten merken, wenn es aktiv darüber sprechen kann. Somit bestehen die Lernorgane im Rahmen dieses Lerntyps in dem Mund und den Ohren. Mittels Gespräche lassen sich die Informationen gut filtern, ordnen und in letzter Konsequenz auch speichern.

✦ Fragen Sie Ihr Kind ab.

Sollten Sie für Ihr Kind keine Lerngruppe finden oder dies nicht wünschen, so kann es für Ihr Kind eine erhebliche Unterstützung sein, wenn Sie Ihr Kind hinsichtlich der zu erlernenden Informationen regelmäßig abfragen. Dafür ist es nicht zwingend erforderlich, dass Sie selbst sich besonders gut auskennen in den Informationen, denn vielmehr geht es darum, dass Ihr Kind die Möglichkeit hat, darüber zu sprechen. Diese Situation kann ebenso auch hilfreich sein, wenn Ihr Kind sich darauf vorbereiten muss, dass es eine schriftliche Prüfung absolvieren muss. Aufgrund des Wechsels, der während des Abfragens zwischen Antworten, Fragen, Korrekturen und Nachfragen entsteht, lernt Ihr Kind die Inhalte fast schon von selbst.

- **Lassen Sie zu, dass Ihr Kind zum Lernen YouTube verwendet.**
  Ob Sie es glauben möchten oder nicht – YouTube ist zum Lernen deutlich unterschätzt. So gibt es auf YouTube eine Vielzahl an anschaulichen Lernvideos, die auf die Inhalte abgestimmt sind, die Ihr Kind lernen muss.
  Zweifelsohne ist es nicht perfekt, da Ihr Kind nicht die unmittelbare Möglichkeit dazu hat, sich direkt kommunikativ zu beteiligen, jedoch ist es für den kommunikativen Lerntyp deutlich leichter auf audiovisuelle Weise zu lernen, als wenn er dies lediglich vom Papier aus versucht.
- **Motivieren Sie Ihr Kind dazu, dass es auch einmal Selbstgespräche führt.**
  Was sich im ersten Moment merkwürdig anhören mag, ist es tatsächlich gar nicht. Denn insbesondere dann, wenn Ihr Kind keine*n Lernpartner*in gefunden hat, so besteht noch immer die Möglichkeit, dass Ihr Kind mit sich selbst kommunizierst. Dies kann sich zwar im ersten Augenblick für Ihr Kind komisch anfühlen, hilft aber weiter.
  Das heißt wenn Ihr Kind dem kommunikativen Lerntyp angehört, so kann es damit beginnen, sich die Lerninhalte, die es sich merken soll, selbst zu erzählen. Anders kann Ihr Kind natürlich auch seine Kuscheltiere, seine Nachttischlampe oder auch seine Zimmerpflanze als Gesprächspartner*innen erachten.
  Im Allgemeinen hilft es Ihrem Kind, wenn es die Informationen mündlich vortragen kann, um sie sich so besser einprägen zu können, als wenn es sie lediglich lesen würde.

- **Sorgen Sie dafür, dass Ihr Kind an Lerngruppen teilnehmen kann.**

  Der kommunikative Lerntyp kann sich Informationen besonders gut merken, wenn es möglich ist, dass es über genau jene eine Kommunikation mit anderen führt – ob nun durch den reinen Austausch, Diskussionen oder auch das gemeinsame Durchsprechen der Informationen. Damit dies für Ihr Kind gewährleistet ist, macht es Sinn, dass Sie entweder selbst Ausschau nach einer geeigneten Lerngruppe für Ihr Kind halten oder Sie Ihr Kind dazu motivieren, selbst eine Lerngruppe für sich zu finden oder gar eine eigene Lerngruppe zu gründen.

  Hierbei macht es Sinn, wenn die Lerngruppen eine gewisse Regelmäßigkeit verfolgen. Gut eignet es sich, wenn die Treffen einmal wöchentlich stattfinden, um über die zu lernenden Inhalte ausführlich sprechen zu können.

  Sollten bei Ihrem Kind Klausuren bevorstehen, so ist es empfehlenswert, auch einige Zeit vor diesen explizit zur Klausurenvorbereitung weitere Termine einzuberufen.

- **Tragen Sie dafür Sorge, dass Ihr Kind die Schulpflicht einhält und somit am Schulunterricht teilnimmt.**

  Unabhängig von dem Umstand, dass in Deutschland ohnehin eine Schulpflicht herrscht und Ihr Kind somit den Schulunterricht besuchen muss, macht es auch Sinn, diesen aus Lernzwecken zu besuchen. Denn für den kommunikativen Lerntyp ist es hilfreich, wenn es im Rahmen des Schulunterrichts bei möglichen Fragen direkt nachhaken kann, um eine Antwort zu erhalten. Gleichermaßen kann sich Ihr Kind jedoch auch mit seinen Mitschüler*innen unterhalten, was beim Merken der Informationen helfen kann – genauso wie auch das Aufnehmen der gesprochenen Informationen. Letzteres kann tatsächlich eine hilfreiche Unterstützung darstellen, als wenn sich Ihr Kind mit dem Lernen eines Skriptes auseinandersetzt.

Der visuelle Lerntyp

- Bilder, Bücher, Karteikarten, Lernposter, eigene Notizen, inneres Sehen. Skizzen, Texte farbig markieren, Videos -

Wie Sie bereits erfahren haben, gelingt es dem visuellen Lerntyp am besten Informationen zu speichern, die visuell sichtbar gemacht wurden. Dementsprechend stellen die Augen das Lernorgan des visuellen Lerntyps dar. Je besser Informationen also visualisiert werden, desto leichter gelingt es diesem Lerntyp, sich die Informationen einzuprägen.

✦ Animieren Sie Ihr Kind dazu, dass es sich Lernkarteien anlegt.
Lernkarteien stellen eine Alternative zu den typischen Spickzetteln dar und eignen sich insbesondere für Themengebiete, die relativ umfassend ausfallen. Im Grunde genommen handelt es sich hierbei um eine Sammlung, die aus Spickzetteln zusammengetragen wird, wobei auch die einzelnen Themengebiete in den wichtigsten Informationen zusammengefasst werden. Dies hilft dem visuellen Lerntyp ungemein dabei, sich die Informationen nachhaltig einzuprägen.

- **Erlauben Sie es Ihrem Kind, die Medien überall aufzuhängen.**
  Hat Ihr Kind erst einmal eine Visualisierung seiner Informationen vorgenommen, so sollten Sie es ihm erlauben, dass es diese Schaubilder kopiert und überall verteilt, um sich die Informationen so leichter merken zu können. Wenn Ihr Kind beispielsweise bereits eine eigene Geldbörse besitzt, so kann es das Schaubild im Miniatur-Format stets mit sich tragen. Auch kann Ihr Kind das Schaubild als ein Poster neben seinem Bett oder auch am Badezimmerspiegel anbringen.
  Dadurch, dass Ihr Kind immer wieder mit den Informationen konfrontiert wird und diese demnach regelmäßig Betrachten kann, kommt es zu einer schnelleren Verankerung der Informationen in seinem Gehirn.
- **Erlauben Sie Ihrem Kind das Internet zu nutzen, um auf Inhalte der Google Bildersuche oder auch Pinterest zuzugreifen.**
  Lassen Sie Ihr Kind wissen, dass es nicht das Einzige ist, was regelmäßig lernen muss. Das bedeutet schlussendlich allerdings auch, dass es mit Sicherheit schon andere Personen vor Ihrem Kind gegeben hat, die bereits zu vielen Themen Grafiken erstellt und diese im Internet zugänglich gemacht haben. Wenn Sie selbst oder auch Ihr Kind einmal die Googlesuche für ein bestimmtes Thema verwenden, so sollten Sie währenddessen auch der Bildersuche Beachtung schenken. Denn insbesondere dort lassen sich oftmals aufbereitete, visuelle Zusammenfassung finden. Gleiches gilt in diesem Fall im Übrigen auch für Pinterest sowie YouTube. Halten Sie also die

Augen offen, ob Sie nicht eine anschauliche Präsentation zu dem erforderlichen Thema finden können.

- **Erläutern Sie Ihrem Kind die Sinnhaftigkeit von Post-its.**

  Sobald Ihr Kind sich damit beschäftigen muss, eine neue Sprache zu lernen, wird es zwangsläufig mit neuen Vokabeln konfrontiert, die es zu lernen gilt. Um es zu vermeiden, dass Ihr Kind schlichtweg einfach nur vom Blatt lernt, ist es zu empfehlen, dass Sie es Ihrem Kind möglich machen, eine direkte Verknüpfung der Vokabeln mit Gegenständen vornehmen zu können.

  So können Sie beispielsweise einen Post-it mit dem entsprechenden Begriff an den jeweiligen Gegenstand kleben. Im Englischen wäre dies zum Beispiel ein Post-it mit dem Begriff „Lamp", der auf eine Lampe geklebt wird.

  Womöglich besteht jedoch nicht die Möglichkeit dazu, alle Gegenstände mithilfe von Post-its zu beschriften. In diesem Fall kann Ihr Kind alternativ natürlich auch Karteikarten verwenden und bei den entsprechenden Vokabeln eine kleine Zeichnung anbringen, die den jeweiligen Gegenstand darstellt.

- **Lassen Sie Ihr Kind mit der Lokalisationstechnik arbeiten.**

  Ist Ihr Kind dazu angehalten, dass es eine aus Unterpunkten bestehende Liste zu einem spezifischen Thema lernt, so kann sich die sogenannte Lokalisationstechnik, kurz Loci-Methode, anbieten. Bei dieser geht es darum, dass die Informationen, die es zu lernen gilt, imaginär an bestimmten Orten an einem für Ihr Kind vertrauten Ort abgelegt werden, um auf diese Weise in den Vorstellungen visuell verbunden zu sein. Dieser

Ort kann von Ihrem Kind frei gewählt werden und somit sowohl ein Arbeitszimmer, als auch ein Gebäude, Spazierweg oder Ähnliches sein. Ihr Kind kann dann mithilfe der Lokalisationstechnik die Inhalte vollständig und, wenn es erforderlich sein sollte, in einer spezifischen Reihenfolge wieder gedanklich abrufen.

✦ **Lassen Sie Ihr Kind Schaubilder erstellen.**

Natürlich steht es außer Frage, dass Ihr Kind zu den Informationen, die es lernen soll, eine Zusammenfassung formuliert. Wenn Ihr Kind jedoch visuell veranlagt ist, so macht es für Ihr Kind durchaus mehr Sinn, aus diesen Informationen ein Schaubild herzustellen, denn eine solche graphische Visualisierung sorgt dafür, dass Ihrem Kind eine Informationsverknüpfung deutlich leichter fällt.

Ihrem Kind steht es hierbei frei, sich dazu zu entscheiden, Symbole in die Schaubilder einfließen zu lassen. Wenn es also beispielsweise darum geht, dass Ihr Kind von der Grundschule in die weiterführende Schule übergeht, so kann Ihr Kind sein Schaubild mit einer Zeichnung einer Grundschule sowie einer weiterführenden Schule ausstatten.

Gegebenenfalls kann es sein, dass es sich für Sie im ersten Moment abstrus anhört, doch Sie werden erkennen, dass sich bei Ihrem Kind alleine durch das Erstellen der Zeichnung ein Zusammenhang im Gehirn verankert.

Als Visualisierungsformen kann Ihr Kind hierbei auf Diagramme, Mind Maps, Skizzen sowie auch Zeichnungen zurückgreifen.

- **Motivieren Sie Ihr Kind dazu, mitzuschreiben.**

  Für den visuellen Lerntyp ist es um einiges schwieriger, eine Verarbeitung all der Inhalte vorzunehmen, die im Schulunterricht oder anderswo erteilt wurden, als es bei dem auditiven Lerntyp beispielsweise der Fall ist.

  Vor diesem Hintergrund ist es umso wichtiger, dass Ihr Kind alle Informationen, die es erhält, stets mitschreibt, um im häuslichen Umfeld dann alles noch einmal aufarbeiten zu können. Alleine der Prozess dessen, dass Ihr Kind die Informationen in schriftlicher Form festhält, stellt bereits eine Visualisierung dar.

- **Motivieren Sie Ihr Kind zur Erstellung von Mindmaps, Lernpostern und Spickzetteln.**

  Für Ihr Kind kann es hilfreich sein, wenn es sich die Lerninhalte, die es sich merken muss oder auch die Struktur der Informationen mithilfe einer Mindmap anschaulich niederschreibt. Dies muss nicht zwingend händisch geschehen, sondern kann von Ihrem Kind auch mithilfe eines Computers in einer Vielzahl von kostenfreien Programmen vorgenommen werden.

  Weiterhin macht es Sinn, dass Sie Ihrem Kind erklären, dass es ihm helfen kann, Lernposter zu erstellen. Auf solchen Postern kann Ihr Kind dann jene Inhalte in Form von Bildern oder Skizzen festhalten, die wichtig sind. Ein solches Lernposter kann Ihr Kind ohne Weiteres auch auf den bekannten Flip-Chart-Papieren erstellen. Alternativ bietet sich jedoch auch eine weiße Tapete an.

Besitzt Ihr Kind grundsätzlich eine kreative Ader, so können Sie Ihm auch Bücher zur Verfügung stellen, die sich mit der Gestaltung von Flip-Charts befassen.
Darüber hinaus sollte Ihr Kind sich auch Spickzettel vorbereiten. Natürlich sollten die später nicht direkt zum Einsatz kommen, hierbei geht es nämlich vielmehr darum, dass Ihr Kind die Informationen einmal niedergeschrieben hat – und zwar durchdacht. Schließlich steht auf einem Spickzettel lediglich ein begrenzter Platz zur Verfügung, der mit Informationen befüllt werden kann, wodurch Ihr Kind zwangsläufig dazu gezwungen ist, lediglich die wesentlichen Inhalte festzuhalten. Letztlich lassen sich aber genau diese simpler merken.
Um die Informationen abzurufen, ist es möglicherweise auch eine weitere Unterstützung für Ihr Kind, wenn es sich gedanklich ein Bild des Spickzettels vorstellt, um sich selbst dabei zu unterstützen, zu prüfen, ob auch keine wichtigen Aspekte in Vergessenheit geraten sind.

Motivation für mehr Lernerfolg

Je mehr Freude Ihr Kind am Lernen empfindet, desto positiver wirkt sich dies auch auf den Erfolg aus, den es in der Schule verzeichnen kann. Doch damit längst nicht genug, denn tatsächlich besitzt die Freude am Lernen auch einen unmittelbaren Einfluss auf das allgemeine Wohlbefinden Ihres Kindes.

Umso wichtiger ist es also, dass Sie gezielt einen Einfluss darauf nehmen, dass Ihr Kind Spaß am Lernen empfindet.

Erschreckenderweise weisen Zahlen auf, dass der überwiegende Anteil mit 52 Prozent an Schüler*innen, die im Rahmen einer Studie befragt wurden, dem Lernen mit gemischten Gefühlen gegenübersteht. Während ein Drittel der befragten Schüler*innen darüber hinaus die Angabe darüber machte, dass sie grundsätzlich immer Freude am Lernen haben, stehen diesen jedoch auch 15 Prozent an Schüler*innen gegenüber, die aussagen, keinerlei Spaß am Lernen zu empfinden. Im Allgemeinen lässt sich aber festhalten, dass die Dauer der Schulzeit einen Einfluss auf die Freude am Lernen besitzt. Das heißt je länger die Schüler*innen zur Schule gehen müssen, desto geringer fällt auch die Freude aus, die sie gegenüber dem Lernen empfinden. Dies offenbaren auch die Zahlen anhand der Altersstruktur, aus denen hervorgeht, dass lediglich acht Prozent der Schüler*innen im Alter von sechs Jahren angeben, keine Freude am Lernen zu haben, während es bei den Schüler*innen im Alter von 13 Jahren bereits bei 27 Prozent der Fall ist.

Natürlich ist es nicht ungewöhnlich, dass nicht jedes Kind mit dem breitesten Lächeln vor Freude an die Lösung komplexer Matheaufgaben oder ähnlichem herangeht. Darum geht es auch überhaupt nicht. Vielmehr geht es bei der Freude in diesem Zusammenhang darum, dass das Kind Begeisterung und Motivation zeigen kann – und genau diese beiden Aspekte sind unbestritten essenzielle Voraussetzungen, um erfolgreich lernen zu können.

Warum die Lernmotivation verloren gehen kann

Bevor Sie erfahren, welche Tipps Sie anwenden können, um die Lernmotivation Ihres Kindes zu steigern, sollten Sie allerdings erst einmal wissen, welche Aspekte dazu führen können, dass die Lernmotivation überhaupt erst verloren geht.

Einer dieser Aspekte besteht in Druck und Erwartungen, denn gerade diese beiden Dinge können binnen kurzer Zeit dazu führen, dass Ihr Kind keine Lust mehr hat, überhaupt noch zu lernen. Der Druck bezieht sich während der Schulzeit besonders auf die Schulnoten – gleiches auch bei den Erwartungen, die die Eltern hinsichtlich dieser an Ihr Kind stellen. Infolgedessen ist es Kindern nicht mehr möglich, sich vollkommen frei zu entfalten und sich selbst zu gestalten.

Darüber hinaus trägt auch ein Einheitstempo sein Übriges dazu bei, dass die Lernmotivation eines Kindes verloren gehen kann. Dies lässt sich jedoch nicht immer verhindern, denn auch der Unterricht, den Ihr Kind an einer Schule besuchen muss, orientiert sich an festgelegten Rahmenplänen, die vorschreiben, dass ein Kind innerhalb des Schuljahres bestimmte Kenntnisse erwerben und die gesetzten Ziele erreichen muss. Dieser Umstand bringt es zwangsläufig mit sich, dass die Zeit für Wiederholungen knapp ausfällt und auch kaum Zeit dafür besteht, dass sich ein Kind einmal etwas zurückziehen oder gar eigene Lernimpulse einbringen kann.

Zu guter Letzt besitzen auch falsch aufbereitete Informationen einen Einfluss auf die Lernmotivation eines Kindes. Dies ist vor allem dann der Fall, wenn die Vermittlung von Wissen auf abstrakte Weise stattfindet, die von einem Kind nur schwer nachvollziehbar ist. Sinnvoller ist es an dieser Stelle, wenn das Wissen an Kinder mittels spannender Geschichten oder alternativ auch anhand von Situationen, denen Kinder im Alltag begegnen, vermittelt wird. Andernfalls ist es nicht untypisch, dass Kinder die Informationen, die sie lernen sollen, schnell wieder vergessen, da ihr Gehirn schlichtweg keinen Bezug zu diesen Informationen herstellen kann.

Die unterschiedlichen Arten der Lernmotivation

Die Lernmotivation kann nicht grundsätzlich pauschalisiert werden, so Bildungsforscher*innen. Stattdessen lässt sich die Lernmotivation im Allgemeinen in fünf unterschiedliche Gründe für die Motivation des Lernens unterscheiden. Jede einzelne dieser Lernmotivationen hat dabei einen anderen Einfluss auf die Lerndauer sowie auch die damit einhergehende Leistung.

Nach Rolf Schulmeister lässt sich die Lernmotivation in die angstbestimmte, die pragmatische, die rezessive, die selbstbestimmte sowie die strategische Lernmotivation unterscheiden.

Bei der angstbestimmten Lernmotivation besteht der wirkliche Grund dafür, dass ein Kind lernt, nicht darin, dass es eine ungemeine Freude daran hat. Vielmehr lernt ein Kind hierbei aus dem Grund, dass es dann keine Bestrafung erhält. Dementsprechend fremdbestimmt ist die Lernmotivation in diesem Fall. Das heißt das Kind ist nicht selbst dafür verantwortlich, seine eigenen Entscheidungen zu treffen und aus diesen heraus den alleinigen Antrieb zum Lernen zu finden. Anstelle dessen geht es dem Kind nur darum, dass es durch das Vermeiden des Nicht-Lernens keine Strafe erhält. Ein Kind erkennt seine Verantwortlichkeit in einer solchen Situation darin, mögliche Gefahren lieber von vornherein abzuwenden, wobei es zugleich nicht wirklich den Glauben daran besitzt, dass es ihm gelingen könnte, durch das Lernen eine Veränderung herbeiführen zu können.

Bei der pragmatischen Lernmotivation hingegen geht es darum, dass ein Kind mit dem Lernen beginnt, weil es sich selbst verbessern möchte. Somit fängt ein Kind also völlig selbstständig damit an, sich mit dem Lernstoff zu befassen. Diese Art der Lernmotivation wird meist von dem eigenen Anspruch eines Kindes begleitet, der von Natur aus besteht, dass es seinen eigenen Ansprüchen und Zielen gerecht werden kann. Es kommt also zu einer stärkeren Verschiebung der inneren Motivation.

Im Rahmen der rezessiven Lernmotivation besteht der Grund eines Kindes zu lernen darin, dass es vermeiden möchte, aufgrund von schlechten Noten eine Rüge zu erhalten und sich nicht dafür verantworten zu müssen. Im Grunde genommen entsteht das Lernen hierbei also aus einer reinen Fremdbestimmung – immerhin geht es Ihrem Kind in dieser Situation keineswegs darum, dass es selbst lernt, um ein besseres Verständnis für das Thema zu entwickeln, sondern weil es einem Streit mit Ihnen aufgrund von mangelndem Lernen und daraus resultierenden schlechten Noten aus dem Weg gehen möchte.

Die selbstbestimmte Lernmotivation befasst sich mit Kindern, die selbst gewillt sind, zu lernen – und zwar aus völlig eigenem Antrieb, weil eine grundsätzliche Freude zum Lernen besteht. Dies geschieht meist dann, wenn ein Kind Interesse gegenüber den zu lernenden Inhalten oder der entsprechenden Tätigkeit zeigt. In einem solchen Fall braucht es keine Anreize, die von außen auf das Kind einwirken. Gekennzeichnet ist diese Art der Lernmotivation dadurch, dass dem Kind sowohl Strategien als auch Wege bekannt sind, wie es ihm selbst gelingen kann, eine Einschätzung darüber vorzunehmen, was beim Lernen eine Relevanz besitzt. Ein Kind, welches eine selbstbestimmte Lernmotivation aufweist, besitzt selbst den festen Glauben daran, dass es ihm gelingen kann, etwas zu verändern, wenn es sich das erforderliche Wissen aneignet.

Die strategische Lernmotivation beschreibt die Situation, dass ein Kind aus dem Grund heraus zu Lernen beginnt, dass es besser werden möchte. Wenn also zum Beispiel die Vorgabe gegenüber Ihrem Kind darin besteht, dass es in einem bestimmten Schulfach bis zum Jahreszeugnis eine Verbesserung um mindestens eine Note geben sollte, so hat Ihr Kind ein klares Ziel vor Augen, bei dem es weiß, dass es durch regelmäßiges Lernen erreichbar ist. Die strategische Lernmotivation umfasst allerdings noch nicht die vollkommen bewusste Entscheidung eines Kindes darüber, welcher Weg zum Lernen der effizienteste ist.

Wie Sie die Lernmotivation Ihres Kindes steigern können

Aber wie kann es Ihnen nun gelingen, Ihrem Kind diese Voraussetzungen zu ermöglichen? Nun, im Grunde genommen ist es auch für Sie unumgänglich, motiviert zu sein, wenn Sie Ihr eigenes Kind gerne motivieren möchten. Immerhin sind Sie eine der wohl wichtigsten Bezugspersonen, die Ihr Kind überhaupt hat. Dementsprechend wichtig ist es, dass Sie selbst die Aufgaben übernehmen, die auch Nachhilfelehrer*innen übernehmen würden. Dies mag zwar zu gewissen Konflikten führen, aber zeitgleich auch einen erheblichen Anteil zur Lernmotivation beitragen.

- ✦ Arbeiten Sie mit Ihrem Kind zusammen.
  Für Kinder ist es nicht ungewöhnlich, dass sie inmitten des eigentlichen Lernens plötzlich stoppen und auf die Eltern oder Geschwister zugehen, um Nähe und Gesellschaft zu suchen. Damit dies nicht immer wieder passiert, ist es empfehlenswert, dass Sie gemeinsam mit Ihrem Kind feste Zeiten vereinbaren, die dafür vorgesehen sind, dass Sie gemeinsam mit Ihrem Kind konzentriert dem Arbeiten nachgehen. Dabei können Sie selbst sich mit den Themen befassen, die Sie selbst beschäftigen, während Ihr Kind sich mit dem Lernen befasst und am Ende die Möglichkeit dazu hat, offene Fragen mit Ihnen gemeinsam zu besprechen.

Für Ihr Kind kann es tatsächlich motivierend wirken, wenn es sieht, dass auch Sie zu Hause mit wichtigen Dingen wie beispielsweise der Planung der Familientermine im Laufe der nächsten Wochen oder der Steuererklärung beschäftigt sind. Zweifelsohne wird dies insbesondere in der ersten Zeit etwas sein, woran Sie sich zunächst noch gewöhnen müssen. Doch sobald sich das Ganze erst einmal eingespielt hat, wird auch Ihr Kind erkennen können, dass es angenehm sein kann, wenn es sich frei von jeglichen Störungen voll und ganz auf ein bestimmtes Thema fokussieren kann.
Darüber hinaus sollten Sie jene festgelegten, gemeinsamen Arbeitszeiten zu einem Ritual erkoren, in dessen Anschluss Sie sowohl sich selbst als auch Ihr Kind dafür loben können, was Sie alles in der Zeit, die Ihnen zur Verfügung stand, haben erledigen. Können.

✦ **Bringen Sie die Inhalte aus der Schule beiläufig in den Alltag ein.**

Glücklicherweise ist das Lernen ortsunabhängig möglich, weshalb Ihnen nichts dabei im Wege steht, dass Sie mit Ihrem Kind während des Backens Rechnen üben oder aktuelle Nachrichten nutzen können, um anhand dieser geschichtlichen Ereignisse zu erklären. Darüber hinaus können Sie sich problemlos eine schöne Geschichte ausdenken, um mit dieser die Vokabeln der neuen Fremdsprache zu lernen.
Für Ihr Kind werden die zu lernenden Inhalte greifbarer, wenn Sie sie lebendig werden lassen. Ebenso eignen sich zu diesem Zwecke auch Ausflüge in Museen oder die Natur. Nutzen Sie

also die Familienausflüge aktiv, um die Schulunterlagen Ihres Kindes aufzuarbeiten. Letztere können Sie dabei auch direkt zu Ihren Ausflügen mitnehmen.

- **Ermöglichen Sie Ihrem Kind das spielerische Lernen.**
  Eine unbestrittene Tatsache besteht darin, dass Kinder unabhängig von ihrem Alter eine große Freude daran haben, sich aktiv an Spielen zu beteiligen. Genau dies ist zugleich überaus positiv für die Kompetenzen Ihres Kindes.
  Schließlich fördert das Spielen Ihres Kindes genau die Kompetenzen, die für das Lernen eine enorme Bedeutung besitzen.
  Aufgrund dessen, dass Ihr Kind sich bei einem Spiel aktiv beteiligen und auch die grundsätzliche Bereitschaft besitzen muss, etwas Neues beim Spielen zu lernen, wird die innere Motivation Ihres Kindes gestärkt. Außerdem kommt es durch das aktive Spielen Ihres Kindes zu einer Reduzierung von Stress sowie einer Stärkung von sozialen Bindungen.
  Besonders gut eignen sich in diesem Zusammenhang vor allem Lernspiele, die eine Förderung der schulischen Motivation Ihres Kindes hervorrufen können.
- **Ermutigen Sie Ihr Kind dazu, dass es jeden Tag etwas Neues lernt.**
  Ihr Kind bewegt sich ohnehin Tag für Tag in der Umwelt – warum also nicht die Situation nutzen, um jeden Tag etwas Neues zu lernen? Machen Sie sich das Ganze zunutze und stellen Sie Ihrem Kind verschiedene Fragen zu diversen Themen.

Sie könnten beispielsweise gemeinsam Überlegungen darüber anstellen, warum Bäume mit Einbruch des Herbstes ihre Blätter verlieren oder wie eine Uhr eigentlich konkret funktioniert.
Zeigen Sie Ihrem Kind dabei aufrichtig, dass Sie die Meinung, die es vertritt, wirklich ernstnehmen und Sie Ihr Kind als eine*en gleichberechtigte*n Partner*in für ein Gespräch erachten. Dies kann dabei helfen, die Motivation Ihres Kindes dahingehend zu fördern, dass es einen gewissen Wissensdurst bekommt und sich Ihnen mitteilen möchte. Zeitgleich wirkt sich das Ganze auch positiv auf die Lernmotivation im Bereich der schulischen Inhalte aus.

✦ Finden Sie die richtigen Anreize.

Überlegen Sie sich, welche Dinge Ihrem Kind Freude bereiten und was genau es toll findet. Formulieren Sie anhand dieser Erkenntnisse dann Ziele, die Ihr Kind dazu bringen, motiviert zu lernen. Beispielsweise könnte ein solches Ziel darin bestehen, dass Ihr Kind gute Leistungen in Biologie erbringen sollte, um später als Tierarzt / Tierärztin arbeiten zu können. Auch ein Sprachurlaub kann einen ähnlichen Effekt erzielen, wenn es darum geht, dass Ihr Kind Vokabeln lernen soll und Sie es vermeiden möchten, dass Ihr Kind gelangweilt und unmotiviert ist.

✦ Fördern Sie Ihr Kind in seiner Selbstbestimmtheit.

Gibt es einen Ort, an dem Ihr Kind besonders gerne lernt oder eine Zeit, zu der es am besten lernen kann? Wenn dem so sein

sollte, so sollten Sie Ihr Kind unbedingt in seinen eigenen Entscheidungen bestärken, um den für sich besten Weg finden zu können, die gesetzten Lernziele zu erreichen. Ist es Ihrem Kind möglich, hierbei die eigenen Entscheidungen zu treffen, so sorgt dies nicht nur für einen Motivationsschub, sondern auch für die Stärkung des Selbstbewusstseins Ihres Kindes.
Darüber hinaus können Sie Ihr Kind darin bestärken, motiviert und vor allem selbstständig mithilfe des Internets zu lernen. Hierfür gibt es diverse Seiten, die für Schüler*innen konzipiert wurden und für Recherchearbeiten vorgesehen sind. Auch gibt es diverse Apps, die die zu lernenden Inhalte auf spielerische Art vermitteln. Nicht zu vergessen, gibt es natürlich auch noch diverse Online-Lernplattformen, die den gesamten Lernstoff der Schule bundeslandorientiert für Ihre Kinder zugänglich machen und leicht verständlich vermitteln.

✦ Geben Sie Ihrem Kind Anregungen zum Lernen.

Vermeiden Sie es, sich gegenüber Ihrem Kind so zu verhalten, als seien Sie sein*e Lehrer*in, da dies schnell zu einer Belastung der Beziehung zwischen Ihnen und Ihrem Kind führen kann. Dennoch ist es Ihnen zweifelsohne erlaubt, dass Sie Ihrem Kind eine Vielzahl an Anregungen mit auf den Weg geben. Unterlassen Sie es jedoch, dass Sie eine Überstrapazierung des Wortes „Lernen“ vornehmen. Verwenden Sie anstelle dieses Wortes lieber eine Varianz aus „entdecken“, „experimentieren“ und „herausfinden“ im Wechsel mit „lernen“.
Was sich ebenso anbietet ist ein Rollentausch, bei dem Ihr Kind Ihnen davon erzählen darf, was es gerade eigentlich lernt.

Dies sorgt für eine Selbstbewusstseinssteigerung. Weiterhin macht es Sinn, dass Sie andere, kreative Methoden zum Lernen für Ihr Kind einfließen lassen, um durch die Abwechslung die Lernmotivation zu steigern.

✦ **Helfen Sie Ihrem Kind dabei, dass es eine positive Einstellung zu dem entsprechenden Unterrichtsfach entwickeln kann.**

Womöglich stellt sich Ihr Kind die Frage, wie eigentlich jemand überhaupt ein bestimmtes Unterrichtsfach als spannend empfinden kann. Dies geschieht meist dann, wenn es einem Kind noch nicht gelungen ist, den richtigen Zugang zu dem entsprechenden Themengebiet zu finden.

An dieser Stelle können Sie Ihr Kind unterstützen, indem Sie sich mithilfe von anschaulichen Beispielen und Geschichten einen spielerischen Weg zu dem Thema bahnen.

Solche Geschichten können übrigens auch dafür sorgen, dass Ihr Kind inmitten einer Klausur an das Beispiel zurückdenkt und das Wissen so leichter abrufen kann. Infolgedessen stellt sich ein echtes Erfolgserlebnis bei Ihrem Kind ein, was dazu führt, dass es doch noch Spaß an dem Thema finden kann, was es zuvor als langweilig erachtet hat.

✦ **Lassen Sie Ihrem Kind ausreichend Pausen, um durchatmen zu können.**

Für Ihr Kind ist es von immenser Wichtigkeit, dass es zwischen den einzelnen Lerneinheiten ausreichend Zeit hat, um sich Pausen nehmen zu können, in denen es sich von den anstrengenden Konzentrationsphasen erholen kann. Idealerweise kann Ihr Kind während dieser Pausen einen Schluck Wasser trinken oder sich bewegen, um die erlernten Inhalte besser zu festigen.

Verplanen Sie jedoch nicht die gesamte Zeit Ihres Kindes für das Lernen, sondern lassen Sie ihm auch genügend freie Zeiten, in denen es seinen Hobbies nachgehen und sich mit Freunden treffen kann, um eine angemessene School-Life-Balance halten zu können, wodurch auch rein automatisch die Lernmotivation ansteigt.

✦ Loben Sie Ihr Kind angemessen.

Haben Sie sich schon einmal dabei ertappt, dass Sie Ihr Kind nur dann loben, wenn es eine Klausur mit nach Hause bringt, die erfolgreich verlaufen ist? Wenn dem so sein sollte, so sollten Sie davon dringlichst Abstand nehmen, da die Wirkung hierbei kontraproduktiv ausfällt. Für Ihr Kind stellt es einen viel größeren Motivationsschub dar, wenn Sie ihm für all die Dinge Lob zukommen lassen, auf die Ihr Kind einen direkten Einfluss ausüben kann. Dies könnte beispielsweise ein Lob sein, was Sie Ihrem Kind gegenüber aufgrund seines großen Engagements zukommen lassen – und zwar unabhängig davon, wofür genau es sich so stark engagiert hat.

Auf diese Weise vermitteln Sie Ihrem Kind das Bewusstsein, dass es selbst die Verantwortung für seine eigenen Erfolge trägt. Gleichermaßen lernen sie zugleich auch, dass sie nicht binnen kurzer Zeit schon aufgeben sollten und dass es durchaus normal ist, dass es sich vor Herausforderungen wiederfindet oder ihm Fehler unterlaufen.

✦ **Schaffen Sie ein gutes Klima zum Lernen für Ihr Kind.**

Es ist bei jedem Menschen so, dass die Motivation dazu, etwas zu lernen oder anzugehen, um ein Vielfaches höher ist, sobald ein positives Wohlbefinden besteht. Dies gilt sowohl für Erwachsene als auch für Kinder.

Starten Sie also am besten gemeinsam mit Ihrem Kind in den Tag. Bereiten Sie hierfür ein gesundes, leckeres Frühstück vor und planen Sie ausreichend Zeit ein, um nicht am frühen Morgen bereits in Stress zu verfallen. So können Sie fit den Tag beschreiten.

Auch für die Schule macht es Sinn, Ihrem Kind ein gesundes Frühstück vorzubereiten und dafür zu sorgen, dass es ausreichend Bewegung und Schlaf bekommt. Nicht weniger wichtig ist es hierbei, dass Ihr Kind an einem Arbeitsplatz lernen kann, der aufgeräumt ist und sich in einer ruhigen Lernumgebung befindet, um die Konzentration nicht negativ zu beeinträchtigen.

✦ **Schließen Sie mögliche Wissenslücken.**

Auch, wenn man es im ersten Moment nicht meinen mag, so können sich Wissenslücken doch schneller auftun als erhofft. Gerade bei Kindern ist dies durchaus nicht ungewöhnlich, da sie schnell durch Mitschüler*innen einmal von den eigentlichen Inhalten abgelenkt werden. Passiert das erst einmal ist der Anschluss schnell verloren.

Andernfalls kann es natürlich sein, dass die Lehrer*innen die Inhalte nicht ausreichend oder verständlich genug erklären,

sodass bei Ihrem Kind das Verständnis für die Zusammenhänge ausstehend bleibt.
An dieser Stelle können Sie allerdings gezielt mithilfe von Online-Übungen und einem daran anschließenden Feedback ansetzen, um die Wissenslücken Ihres Kindes zu erkennen und aktiv zu schließen.

✦ **Setzen Sie Ihrem Kind Ziele, die auch erreichbar sind.**

Kaum etwas kann so entmutigend auf ein Kind wirken wie Ziele, die schlichtweg nicht erreicht werden können. Umso motivierender ist es hingegen, wenn das Ziel für das Kind erreichbar ist, solange es einen gewissen Aufwand dafür betreibt.
Wenn eine Aufgabe also zu leicht ausfällt, so geht bei Kindern binnen kurzer Zeit die Motivation und Lust verloren. Gleiches geschieht auch dann, wenn die Übungen einen zu hohen Schwierigkeitsgrad besitzen. Achten Sie deshalb immer darauf, dass Ihr Kind sich selbst oder auch Sie ihm realistische Ziele setzen.

✦ **Sorgen Sie dafür, dass Ihr Kind mit Plan lernen kann.**

Um einen Anreiz zum Lernen zu schaffen, macht es durchaus Sinn, dass Sie für Ihr Kind einen Lernplan oder alternativ eine Liste mit den To-Do`s anlegen, die Ihr Kind erledigen sollte. Im Rahmen eines sogenannten Lernplans können Sie Tag für Tag festlegen, welche Inhalte Ihr Kind lernen sollte und welche Belohnung es dafür erwarten darf. Auf einer auf das Lernen ausgelegten To-do-Liste hingegen können Sie die Lernziele

Ihres Kindes festhalten, sodass es diese nach und nach abhaken kann. Auch auf diese Weise lässt sich die Motivation Ihres Kindes effektiv erhöhen.

✦ Stärken Sie Ihrem Kind den Rücken.

Um das Selbstbewusstsein Ihres Kindes aktiv zu stärken, ist es wichtig, dass Sie dafür sorgen, dass Ihr Kind Erfolgserlebnisse durchleben kann und Sie ihm verdeutlichen, wo seine Stärken liegen. Dies sollten Sie dabei unabhängig von den schulischen Leistungen Ihres Kindes vornehmen, um ihm aufzuzeigen, dass Sie es anerkennen und wertschätzen und die schulischen Leistungen darauf keinen Einfluss haben.

Unter Umständen kann das Folgende Ihnen schwerfallen, Sie sollten aufgrund der Kurzfristigkeit jedoch davon absehen, Ihrem Kind regelmäßig Belohnungen in Form von Computerspielen, Fernsehen oder Süßigkeiten zukommen zu lassen. Dies führt lediglich dazu, dass Ihr Kind nicht mehr aus seinem eigenen Antrieb heraus lernt.

✦ Testen Sie unterschiedliche Lernstrategien.

Haben Sie erst einmal eine passende Strategie zum Lernen für Ihr Kind ausfindig gemacht, so werden Sie feststellen können, dass dies einen positiven Einfluss auf die Lernmotivation Ihres Kindes entfaltet. Am besten ist es hierfür, wenn Sie die unterschiedlichsten Strategien testen. Ermutigen Sie Ihr Kind beispielsweise, dass es zu einem spezifischen Thema die Fakten und Zusammenhänge visuell in Form einer Zeichnung zusammentragen soll, anstelle dessen, diese durch Notizen zu verschriftlichen.

✦ **Vermeiden Sie es, die Schule zum Hauptthema in den Gesprächen innerhalb der Familie auszuwählen.**

Für Ihr Kind ist es von erheblicher Bedeutung, dass es so etwas wie einen sicheren Hafen kennt, an dem es die Möglichkeit dazu hat, zu entspannen und Erholung vom Schultag zu erfahren – und dieser besteht in der Regel zu Hause. Gerade deshalb sollten Sie sich bewusst machen, dass es für Ihr Kind wichtig ist, dass es Ablenkung und schöne Erlebnisse sammeln kann, wenn es einmal gestresst nach hause kommt.

Natürlich kann es gut sein, dass sich in Ihnen dennoch eine gewisse Sorge auftut oder Sie mehr darüber erfahren möchten, wie der Schulalltag Ihres Kindes denn eigentlich verläuft – und daran ist nichts verwerflich. Es ist vollkommen in Ordnung, wenn Sie Ihrem Kind ein Interesse an diesen Dingen gegenüber bringen.

Passen Sie für solche Fragen jedoch immer einen guten Augenblick ab und seien Sie nicht sofort enttäuscht, wenn das direkte Nachfragen bei Ihrem Kind nicht die Antwort hervorbringt, die Sie sich erhofft haben. Sollte Ihr Kind wirklich kaum mit der Sprache rausrücken, so können Sie versuchen, das Gespräch, was Sie mit Ihrem Kind führen, dahingehend zu lenken, dass es über die schönen Dinge sprechen kann, die es in der Schule erlebt. Ob dies nun in den Beschäftigungen besteht, denen Ihr Kind in den Pausen nachgeht, dem Sport, den Freund*innen Ihres Kindes oder dem Lieblingsfach ist dabei erst einmal zweitrangig. Vielmehr geht es darum, dass Ihr

Kind lernt, dass es über die positiven Erlebnisse immer sprechen kann, wobei es in der gleichen Situation nicht unüblich ist, dass zugleich auch einige Dinge aus Ihrem Kind heraussprudeln, die vielleicht auch nicht so schön waren.

- **Wiederholen Sie wichtige Inhalte in regelmäßigen Abständen.** Um zu vermeiden, dass Ihr Kind kurz vor einer Klausur in Stress verfällt und sich nahezu einem Lernmarathon unterziehen muss, macht es Sinn, dass Sie Ihrem Kind nahelegen, dass es sich regelmäßig einige Minuten Zeit einräumt, in denen es die wichtigen Lerninhalte noch einmal wiederholen kann. Hierfür eignen sich nicht nur Videos von diversen Online-Lernplattformen oder YouTube, sondern ebenso auch selbstgeschriebene Karteikarten.

  Der Grund für die Sinnhaftigkeit der regelmäßigen Wiederholung liegt insbesondere in dem Umstand, dass das menschliche Gehirn von Natur aus so veranlagt ist, dass es neu erlernte Inhalte lediglich für einen kurzen Zeitraum einspeichert – und das geschieht nicht grundlos. Immerhin ist das menschliche Gehirn tagtäglich damit beschäftigt, Tausende an Eindrücken zu verarbeiten. Kaum verwunderlich also, dass da genau jene Informationen, die als unwichtig erscheinen, wieder aus dem Gedächtnisspeicher entfernt werden.

  Wenn Ihr Kind jedoch regelmäßig die Inhalte wiederholt, macht es dem eigenen Gehirn verständlich, dass jene Informationen langfristig eingespeichert werden müssen, wodurch Ihr Kind sich schon rein automatisch ideal auf die nächste bevorstehende Klausur vorbereitet.

Was vermieden werden sollte

Damit ein erfolgreiches Lernen für Ihr Kind überhaupt erst möglich wird, müssen bestimmte Voraussetzungen erfüllt sein, was zugleich bedeutet, dass bestimmte Dinge vermieden werden sollten. Welche dies sind, erfahren Sie in diesem Kapitel.

- ✦ Enthalten Sie Ihr Kind nicht der Schule vor.

  Ungeachtet der Tatsache, dass Ihr Kind in Deutschland gesetzlich einer Schulpflicht unterliegt, der es nachzukommen gilt, ist es wichtig, dass Sie auch vor dem Hintergrund des Verständnisses gegenüber den Lerninhalten dafür sorgen, dass Ihr Kind regelmäßig am Unterricht teilnimmt. Wenn Ihr Kind sich darüber hinaus aktiv am Unterricht beteiligt und sich freiwillig meldet, lässt sich auch die Wahrscheinlichkeit minimieren, dass Ihr Kind unverhofft durch die Lehrer*innen aufgerufen und abgefragt wird. Durch das aktive Beteiligen am Unterricht zeigt Ihr Kind also, dass es einen guten Willen besitzt, was auch bei den Lehrkräften zumeist einen positiven Eindruck hinterlässt.

✦ **Entziehen Sie Ihrem Kind keine Liebe oder verwehren Sie ihm Belohnungen.**

Seien Sie sich darüber im Klaren, dass es vollkommen normal ist, dass sich im Laufe des Lebens auch einmal Misserfolge ergeben. Für Ihr Kind ist es von immenser Bedeutung, dass es dies auch lernt und versteht, wie es mit Misserfolgen umzugehen hat.

Für Ihr Kind sollte eine schlechte Note niemals einen Anlass darstellen, ausgeschimpft zu werden oder einen Liebesentzug zu erfahren. Stattdessen geht es darum, dass Sie Ihr Kind dahingehend motivieren und animieren, dass Sie gemeinsam daran arbeiten, dass Ihr Kind beim nächsten Mal ein Erfolgserlebnis durchleben darf.

Feiern Sie also auch die Lernfortschritte mit Ihrem Kind!

✦ **Gehen Sie nicht vollkommen unstrukturiert an das Lernen Ihres Kindes heran.**

Es macht wenig Sinn, wenn Sie ohne jeglichen Plan und Struktur versuchen wollen, Ihr Kind beim Lernen zu unterstützen. Denn ein Plan gibt immer eine gewisse Übersicht darüber, welche Inhalte Ihr Kind lernen muss, welche Meilensteine dazu existieren und welche Ziele es zum Schluss zu erreichen gilt. Außerdem begrenzt ein solcher Plan Sie und Ihr Kind in der aufzuwendenden Zeit, definiert die entsprechende Flexibilität und ermöglicht es, das Lernen zu kontrollieren.

Wichtig ist, dass hierbei beachtet wird, dass es sich lediglich um einen Plan handelt und keine starre Vorgabe, die eins zu eins so umzusetzen ist. Insbesondere während des aktiven

Abarbeitens des Lernplanes werden immer wieder neue Aufgaben und Informationen hinzustoßen, wodurch es zu einer Neuverteilung der Prioritäten kommt.

- **Kochen Sie nicht ausschließlich ungesund.**

  Viel Fast Food und ungesunde Gerichte können sich negativ auf den Körper und das Gehirn Ihres Kindes auswirken. Kochen Sie deshalb unbedingt frisch und gesund und motivieren Sie Ihr Kind dazu, dass es täglich mindestens zwei Liter Wasser beziehungsweise ungesüßte Saftschorle oder Tee trinkt. Allein das menschliche Gehirn verbraucht einen Anteil von mehr als 20 Prozent des Energiebedarfes, den ein Mensch täglich besitzt.

- **Kritisieren Sie Ihr Kind nicht andauernd.**

  Für ein Kind ist es alles andere als förderlich in seinem Lernen, wenn Sie es andauernd nur kritisieren. Dies besitzt im Übrigen nicht nur einen unmittelbaren Einfluss auf den Lernerfolg Ihres Kindes, sondern beeinträchtigt auch das Selbstbewusstsein Ihres Kindes im negativen Sinne.

  Worauf es ankommt, ist, dass Sie Ihrem Kind das Gefühl vermitteln, dass es immer möglich ist, die eigenen Leistungen zu verbessern, solange nur genügend Anstrengungen erbracht werden.

  Loben Sie Ihr Kind deshalb nicht nur dann, wenn es eine gute Note mit nach Hause bringt, sondern auch dann, wenn Ihr Kind allgemein gut lernt.

Eine Belohnung könnte beispielsweise darin bestehen, dass Sie gemeinsame Unternehmungen mit Ihrem Kind vornehmen, die in einem schönen Ausflug bestehen könnten. So etwas erschafft gute und lange Erinnerungen, die Ihr Kind damit verknüpft, dass es auch für gute Leistungen grundsätzlich Lob und Anerkennung erfährt.

✦ **Schränken Sie die Fantasie Ihres Kindes nicht ein.**

Von der Fantasie kann ein positiver Einfluss auf die kognitive Entwicklung eines Kindes ausgehen. Letztlich wird der Grundstein für die eigene Identität sowie auch die Kreativität, die ein Kind an den Tag legt, bereits in einem sehr frühen Lebensalter gelegt. Auf Basis von sehr simplen Ansätzen kann es Ihrem Kind aufgrund dessen gelingen, sich selbst einzigartige Geschichten auszudenken.

✦ **Schreiben Sie Ihrem Kind keine Lernmethode vor.**

Da jeder Mensch und somit auch jedes Kind anders lernt, macht es keinen Sinn, dass Sie Ihrem Kind vorschreiben, welche Lernmethode es anzuwenden hat. Dies ist etwas, was Ihr Kind durch das aktive Ausüben selbst herausfinden sollte. Meist macht es hierbei Sinn, eine Kombination aus unterschiedlichen Lernmethoden anzuwenden, um die Quote der Erinnerung zu erhöhen.

✦ **Sehen Sie nicht nur das Negative in Menschen.**

Vielleicht haben Sie schon einmal etwas von den Theorien X und Y gehört, die durch Douglas McGregor zur Bekanntheit kamen. Im Rahmen dieser Theorien geht es um bestimmte Menschenbilder, die vermittelt werden.

Während es bei der Theorie X darum geht, dass Menschen grundsätzlich unwillig sind und sie infolgedessen belohnt, bestraft oder kontrolliert werden müssen, geht es bei der Theorie Y um das Gute in den Menschen und somit auch um das Vertrauen darin, dass Menschen engagiert sind, gerne arbeiten und eine gewisse (Selbst-)Motivation aufweisen.

Auch Sie sollten Ihrem Kind ein gesundes Vertrauen entgegnen und zulassen, dass Ihr Kind durch Experimente seine eigenen Erfahrungen sammeln kann. In diesen sollten Sie Ihrem Kind stets Unterstützung zukommen lassen.

✦ Seien Sie und vor allem Ihr Kind nicht verschlossen gegenüber Neuem.

Kennen Sie den Spruch „Wissen ist Macht"? Das muss nicht immer zwingend zutreffend sein, denn auch wenn Sie etwas nicht wissen, kann dieselbe Wirkung entfaltet werden, die zugleich einen gewissen Einfluss ausübt, dass eine Neugierde geweckt wird. Es entsteht also fast schon automatisch der Drang danach, neues Wissen aufsaugen zu können, womit auch die Bereitschaft einhergeht, Überraschungen zu erleben, neue Risiken einzugehen und die eigene Komfortzone zu verlassen. Gebe es diese Eigenschaft nicht, so würden auch Experimente, Fortschritte und Innovationen nicht oder zumindest nur in geringem Ausmaß existieren. Unterlassen Sie es also unbedingt, die natürliche Neugierde und den Wissensdurst Ihres Kindes unterdrücken zu wollen.

✦ **Sie wissen zu wenig über das Lernen.**

In erster Linie sollten Sie sich selbst bewusst machen, dass kein Mensch identisch zu einem anderen ist und somit auch gewisse Unterschiede in den Arten zu Lernen bestehen können. Dementsprechend ist es nicht möglich, jedes Kind pauschal über einen Kamm zu scheren und geradezu davon auszugehen, dass eine Lernmethode, die bei einem anderen Kind funktioniert, zwingend auch bei Ihrem eigenen Kind ideal funktionieren muss.

Machen Sie sich selbst also klar, dass jeder Mensch anders ist und Ihr Kind seine ganz eigenen Lernformen entwickeln wird. Finden Sie heraus, wann Ihr Kind am besten lernen kann und welche Methode es dafür nutzen möchte. Nur so gelingt es Ihnen, Ihr Kind effizient in der Anwendung der geeigneten Methoden zu unterstützen.

✦ **Sorgen Sie dafür, dass Ihr Kind nicht zu viel negativen Stress erfährt.**

Stress sorgt dafür, dass sich Blockaden im Gehirn einstellen, infolge derer es zu einem negativen Einfluss auf den Lernerfolg kommt. Der Stress kann dabei sowohl in der direkten Form wie zum Beispiel durch Über- oder Unterforderung sowie durch Zeitdruck, als auch in der indirekten Form bestehen, wie es beispielsweise der Fall ist, wenn Sie Ihrem Kind damit drohen, dass es bei einer schlechten Note Hausarrest bekommt. Umso wichtiger ist es, dass Sie jegliche Form von Stress im Zusammenhang mit dem Lernen vermeiden.

- **Sträuben Sie sich nicht gegen alles oder verbieten Sie Ihrem Kind grundsätzlich alles mögliche.**
  Für das erfolgreiche Lernen ist es unumgänglich, dass eine gewisse Begeisterungsfähigkeit sowie Motivation vorherrschend sind. Dem gegenüber sollten Sie sich nicht sträuben und Ihrem Kind auch nicht den Eindruck vermitteln, dass es Ihnen dies gleichtun sollte. Schließlich wird Ihr Kind sich im Rahmen des Schulunterrichtes immer wieder vor großen Herausforderungen gegenüber der eigenen Motivation wiederfinden können. An dieser Stelle liegt es an Ihnen, diese Unlust wieder auszugleichen und die Aufmerksamkeit Ihres Kindes für neue Dinge zu schärfen.
- **Unterlassen Sie negatives Denken und das Vermitteln solcher Denkweisen gegenüber Ihrem Kind.**
  Die Prozesse des Lernens haben ihren Startpunkt grundsätzlich im Kopf eines jeden Menschen. Wer also mit der Überzeugung an ein Vorhaben herangeht, dass dies zu schaffen ist, dem kann dies durchaus gelingen. Wer sich dem Ganzen jedoch verwehrt und mit der Grundeinstellung an das Ganze herangeht, dass es ohnehin nicht machbar ist, das Ziel zu erreichen, so sinkt auch die Leistungsfähigkeit rapide.
  Jene Situation lässt sich ohne Weiteres auch auf das Lernen Ihres Kindes übertragen. Dementsprechend ist es wichtig, sich von negativen Denkweisen zu distanzieren und stattdessen positiv zu denken sowie eine optimistische Grundhaltung anzunehmen. Auf diese Weise lässt sich die Chance erhöhen, dass das gesetzte Ziel auch wirklich erreicht werden kann.

✦ **Vermeiden Sie es, dass Ihr Kind zu wenig Schlaf bekommt.**

Der Schlaf zählt zu den wichtigen Voraussetzungen, die erfüllt sein müssen, damit das menschliche Gehirn adäquat arbeiten kann. Dafür sind kurze Schlafeinheiten meist nicht ausreichend, weshalb Sie dafür sorgen sollten, dass Ihr Kind ausreichend Schlaf bekommt. Dies liegt nicht zuletzt daran, dass während des Schlafens eine Verknüpfung, Ordnung und Abspeicherung von Informationen stattfindet. Wenn Ihr Kind allerdings genügend schläft, so werden Sie feststellen können, dass Ihr Kind eine gewisse Bereitschaft aufweist, Neues zu lernen und es fit und motiviert ist.

✦ **Sorgen Sie dafür, dass Ihr Kind genügend frische Luft bekommt.**

Damit Ihr Kind adäquat lernen kann und sich keine körperlichen Verspannungen einstellen, ist es unumgänglich, dass Sie dafür sorgen, dass Ihr Kind sich während der Lernphasen ausreichend bewegt und genügend frische Luft bekommt.

Merken Sie sich, dass Ihr Gehirn für den Verbrauch von rund einem Drittel des Sauerstoffes verantwortlich ist, den Sie überhaupt einatmen.

Lüften Sie also regelmäßig den Raum, in dem Ihr Kind lernen soll und tragen Sie zudem Sorge dafür, dass Ihr Kind zwischenzeitlich immer mal wieder an die frische Luft geht, um neuen Sauerstoff tanken zu können.

✦ **Vermeiden Sie zu viel Anspannung.**

Für Ihr Kind ist es nicht gerade förderlich, wenn es dauerhaft unter Anspannungen leidet. Sorgen Sie demnach dafür, dass

Ihr Kind erfährt, was Entspannung bedeutet. Dies schließt nicht nur ein, dass Ihr Kind zu Hause beim Lernen, sondern auch bei den Hausaufgaben entspannt sein kann.
Damit dies bestmöglich gelingt, macht es Sinn, dass Sie Ihrem Kind gewisse Übungen zur Entspannung näherbringen. Diese können in dem Ausmalen von Mandalas bestehen oder auch in bestimmten Atemübungen, dem Anhören von Geschichten oder dem Ausüben ruhiger Bewegungen.
Weniger zuträglich hingegen sind Computerspiele, die mitunter sogar dafür sorgen können, dass die eben noch erlernten Informationen wieder verdrängt werden.
Lassen Sie es zu, dass Ihr Kind innerlich einen Schritt zurücktreten kann, um einmal ordentlich durchzuatmen. Dies gelingt in den meisten Fällen an der frischen Luft deutlich besser, als wenn Ihr Kind sich in einem geschlossenen Raum befindet.

✦ Vernachlässigen Sie nicht die Hausaufgaben Ihres Kindes.

Hausaufgaben sind dafür vorgesehen, damit Ihr Kind lernt, was es bedeutet, Pflichten fristgerecht zu erfüllen, zuverlässig zu sein und ordentlich zu arbeiten. Dies besitzt zeitgleich auch einen Einfluss darauf, dass Ihr Kind versteht, wie es seine eigene Freizeit adäquat einteilen und einen ansprechenden Rhythmus zum Arbeiten finden kann.
Worauf es hierbei ankommt ist, dass Sie Ihr Kind dazu motivieren, selbstständig zu arbeiten.
Außerhalb der Zeit für Hausaufgaben sollten Sie Ihr Kind immer spüren lassen, dass Sie ihm seine Aufmerksamkeit und Zärtlichkeit zukommen lassen, wenn es diese sucht und um

verständlich zu zeigen, dass Sie ihm zutrauen, dass es seine Arbeiten selbstständig ausführen kann.

Was tun, wenn nichts mehr hilft?

Haben Sie alle möglichen Tipps und Tricks angewandt, um die Konzentration Ihres Kindes und folglich auch den Lernerfolg zu erhöhen, diese schlagen jedoch nicht an, so ist es höchste Zeit, dass Sie weitere Schritte in Erwägung ziehen.

Allem voran sollten Sie sich allerdings zunächst bewusst machen, dass eine Konzentrationsstörung nicht als ein eigenständiges Krankheitsbild betrachtet werden sollte. Anstelle dessen gibt es einige Symptome, die charakterisierend für das Ganze auftreten. Jene Symptome können Aufschluss darüber geben, ob das Verhalten Ihres Kindes bestimmten Lebensumständen, fehlerhaften Verhaltensweisen oder gar einer bestimmten Grunderkrankung geschuldet ist.

Allgemein sollten Sie in Erwägung ziehen, eine*n Arzt / Ärztin zu konsultieren, um den vorliegenden Konzentrationsstörungen auf den Grund zu gehen. Dies ist insbesondere in den folgenden Situationen gegeben:

- Die Konzentrationsstörungen nehmen immer mehr zu.
- Es kommt zu einem plötzlichen Auftreten von Konzentrationsstörungen oder zu einer besonders ausgeprägten Form, die Sie jedoch nicht unmittelbar auf eine bestimmte Ursache wie zum Beispiel Stress oder Sorgen zurückführen können.

- Insbesondere bei dem Umstand, dass es sich um ein Kind handelt, sollten Sie ausschließen können, dass Ablenkungen an den Konzentrationsstörungen schuld sein könnten. Gleichermaßen sollten Sie auch darauf achten, dass Ihr Kind die Möglichkeit dazu hat, angemessene Ruhepausen einzulegen. Bleibt die Konzentrationsstörung trotz allem bestehen, macht ein Besuch bei einem / einer Ärzt*in Sinn.
- Neben den Konzentrationsstörungen als solchen kommt es auch zum Auftreten weiterer Symptome wie zum Beispiel Antriebslosigkeit, Gereiztheit, kalten Händen oder Schwindel.
- Sie haben bereits alle möglichen Ursachen ausschließen können, die in einem Zusammenhang mit den Lebensumständen Ihres Kindes stehen und dennoch halten die Konzentrationsstörungen an.

Sobald Sie den Entschluss gefasst haben, eine*n Arzt / Ärztin zu konsultieren, wird diese zunächst ein umfassendes Gespräch mit Ihnen und Ihrem Kind über die Krankenvorgeschichte führen, um mehr zu der Gesamtsituation in Erfahrung bringen zu können. Das Ganze wird fachsprachlich auch als Anamnese bezeichnet. Im Rahmen dieses Gesprächs kommt es auch dazu, dass eine körperliche Untersuchung vorgenommen wird, um gegebenenfalls schnell Näheres zu erfahren.

Neben der körperlichen Situation besteht für Ärzt*innen auch die Möglichkeit, weitere Methoden der Untersuchungen anzuwenden, die bei der Abklärung möglicher organischer Ursachen helfen können.

Eine solche Untersuchung könnte beispielsweise in einer Blutuntersuchung bestehen, die insbesondere dann zur Anwendung kommt, wenn Ärzt*innen den Verdacht hegen, dass die Konzentrationsstörungen Ihres Kindes durch einen Eisenmangel, eine Nierenschwäche oder eine Unterfunktion der Nieren bedingt ist. Darüber hinaus können Ärzt*innen auch bildgebende Verfahren anwenden, die besonders dann in Erwägung gezogen werden, wenn der Verdacht besteht, dass Ihr Kind unter einer Arteriosklerose oder Demenz leiden könnte.

Sollte hingegen eine Grunderkrankung in der Verantwortung stehen, eine Konzentrationsschwäche bei Ihrem Kind hervorzurufen, so gehen Ärzt*innen diese gezielt im Rahmen einer Behandlung an. Infolgedessen kommt es dann auch zu einer Verbesserung der Konzentrationsfähigkeit Ihres Kindes.

Die richtige Ernährung

Immer bewusster sich konzentrieren lernen.
Alles Flatternde und Flackernde in mir überwinden.
- Christian Morgenstern

Welche Lebensmittel die Konzentration steigern

Natürlich werden Lebensmittel Ihr Kind nicht im allgemeinen Sinne schlauer machen – dennoch können Sie mit Lebensmitteln einen positiven Einfluss auf das Gehirn Ihres Kindes nehmen und gezielt die Konzentration sowie auch die Leistungsfähigkeit Ihres Kindes verbessern.

Die Lebensmittel, die Sie in diesem Kapitel finden können, gelten als echtes Brainfood, was Ihr Kind mit Energie versorgen kann.

✓ Avocados

Die Avocado enthält reichlich Mineralstoffe, mitunter auch Lecithin. Diese stehen in der Verantwortung, dass sie die Fähigkeit, sich zu konzentrieren, begünstigen und zeitgleich einen Schutz der Gehirnzellen erzeugen.

Darüber hinaus besitzt die Avocado ihre Bekanntheit auch dafür, ungesättigte Fettsäuren zu beinhalten, die den Blutzuckerspiegel stabilisieren und die Gehirndurchblutung verbessern.

✓ Eier

Auch der Verzehr von Eiern kann eine Unterstützung für das Gehirn darstellen, da sie diverse gute Nährstoffe besitzen. Einerseits beinhalten sie beispielsweise Cholin, wobei es sich um einen Nährstoff zur Unterstützung der Funktion des Gehirns handelt, oder Cholesterin, was für die Förderung der Gehirnzellenbildung und die Stärkung der Zellen und Zellstruktur verantwortlich ist. Andererseits stecken in Eiern auch Antioxidantien, Eiweiß sowie gesunde Fette, die das Gehirn schützen können.

✓ Fisch

Um die Konzentration Ihres Kindes zu verbessern, ist es sinnvoll, dass Sie für eine angemessene Versorgung mit Omega-3-Fettsäuren sorgen, die einen positiven Einfluss auf das Gehirn besitzen. Hierfür eignen sich insbesondere fette Fische, wie beispielsweise Hering, Lachs oder Thunfisch. Außerdem helfen Omega-3-Fettsäuren dabei, eine Steigerung des Erinnerungsvermögens sowie der Lernfähigkeit zu erzielen.

Auch Studien offenbaren, dass Menschen, die einen regelmäßigen Verzehr von Fisch an den Tag legen, seltener an Demenz erkranken.

✓ Grünes Gemüse

In grünem Gemüse stecken viele Vitamine, die für das Gehirn von Bedeutung sind. Die Vitamine C und E, die als freie Radikalfänger agieren und infolgedessen einen Schutz und eine Stimulierung des Gehirns hervorrufen, kommen beispielsweise vor allem in Brokkoli, Feldsalat und Spinat vor. Neben den Vitaminen beinhalten sie jedoch auch eine große Menge an Eisen, was zu einer Konzentrationssteigerung beiträgt.

✓ Grüner Tee

Grüner Tee eignet sich nicht nur dafür, den Körper gesund zu erhalten, sondern ebenso auch als echter Wachmacher. Dies liegt an dem Koffein, der in grünem Tee enthalten ist. Zwar besitzt dieser eine Wirkung, die sich bedeutend langsamer entfaltet als es bei dem Koffein der Fall ist, der in Kaffee enthalten ist, dafür hält die Wirkung jedoch auch umso länger an. Jener Umstand sorgt dafür, dass Sie beziehungsweise Ihr Kind auf eine schonendere Weise aufwachen kann.

Im Übrigen haben Forscher*innen herausfinden können, dass von grünem Tee ein positiver Einfluss auf die kognitiven Gehirnfunktionen ausgeht und auch eine Verbesserung der Denkleistung, die das Gehirn absolvieren kann, in Folge des Konsums von grünem Tee entsteht.

✔ Hülsenfrüchte

Komplexe Kohlenhydrate eignen sich insbesondere dafür, den Blutzuckerspiegel auf einem konstanten Level zu halten, infolgedessen steigt auch die Konzentration an. Diese komplexen Kohlenhydrate stecken vor allem in Hülsenfrüchten, zu denen beispielsweise Bohnen und Linsen gehören.

Außerdem beinhalten Hülsenfrüchte jede Menge weiterer Nährstoffe, zu denen mitunter Antioxidantien, Eisen, Eiweiß, B-Vitamine und Zink gehören. Sie allesamt fördern die Leistung des Gehirns.

✔ Nüsse

Wenn Ihr Kind keinen Fisch mag, Sie aber dennoch dafür sorgen möchten, dass Ihr Kind mit den wichtigen Omega-3-Fettsäuren versorgt wird, so bietet es sich an, dass Sie Ihrem Kind Nüsse anbieten.

In Haselnüssen, Mandeln und Walnüssen beispielsweise stecken neben Omega-3-Fettsäuren auch noch wichtige Antioxidantien sowie die Vitamine B6 und E, die allesamt ebenfalls einen positiven Einfluss auf das Gehirn besitzen.

Besonders Walnüsse sind ideal, wenn Ihr Kind sich einmal in einem Konzentrationstief befindet.

✔ Rote Beeren

In roten Beeren steckt ein großer Anteil an ungesättigten Fettsäuren, die ihren Anteil dazu beitragen, dass eine Förderung der Gehirndurchblutung stattfindet. Besonders gut sind hierfür

Beeren wie Erd- oder Heidelbeeren sowie auch Kirschen geeignet, da sie auch reich an Antioxidantien sind. Letztere stehen in der Verantwortung die Zellen zu schützen.
Außerdem beinhalten rote Früchte die sogenannten Flavonoide, bei denen es sich um Pflanzenstoffe handelt, die für den Schutz der Nerven verantwortlich sind und zudem für die Entstehung von neuen Nervenzellen innerhalb des Gehirns sorgen.

✓ Wasser

Das menschliche Gehirn setzt sich zu einem Anteil von 80 Prozent aus Wasser zusammen. Dementsprechend wichtig ist es auch, dass Sie dafür sorgen, dass das Gehirn Ihres Kindes kontinuierlich hydriert ist. Dies gewährleisten Sie, indem Sie darauf achten, dass Ihr Kind ausreichend Flüssigkeit zu sich nimmt, da es ansonsten zu einem Flüssigkeitsmangel kommen kann, der einen negativen Einfluss auf die Durchblutung des Körpers und Kopfes Ihres Kindes sowie auch die Sauerstoffversorgung haben kann. Infolgedessen wiederum kommt es zu einer Abnahme der Konzentration sowie nicht zuletzt auch der Lern- und Reaktionsfähigkeit.
Ein Flüssigkeitsmangel macht sich zumeist durch Symptome wie leichte Kopfschmerzen oder eine eintretende Müdigkeit bemerkbar.
Wie viel Flüssigkeit Ihr Kind zu sich nehmen sollte hängt vor allem davon ab, wie schwer es ist. So sollte die Flüssigkeitszufuhr bei einem Kind, was zwischen 3 ½ und 10 Kilogramm

wiegt, täglich bei 100 Millilitern pro Kilogramm des Körpergewichtes liegen. Bei Kindern mit einem Gewicht zwischen 11 und 20 Kilogramm gilt die Richtlinie, dass täglich eine Flüssigkeitszufuhr von 1 Liter gewährleistet sein sollte zuzüglich 50 Millilitern pro Kilogramm ab einem Gewicht von mehr als 10 Kilogramm. Sobald Ihr Kind mehr als 20 Kilogramm erreicht, sollte es bestenfalls 1 ½ Liter Flüssigkeit zuzüglich 20 Millilitern pro Kilogramm Gewicht ab 20 Kilogramm täglich zu sich nehmen. In letzterem Fall ist es allerdings wichtig, dass die Flüssigkeitszufuhr von 2.400 Millilitern täglich nicht überschritten wird.

Achtung: Diese Formel können Sie nicht anwenden, wenn es um die Berechnung der notwendigen Flüssigkeitszufuhr eines Säuglings, sprich zwischen dem Tag der Geburt und 28 Tagen nach der termingerechten Geburt, geht.

Tipps und Tricks für die richtige Ernährung

Um die Konzentration Ihres Kindes möglichst positiv beeinflussen zu können, gibt es einige Tipps und Tricks, die Sie im Hinblick auf die Ernährung, neben der Auswahl der richtigen Lebensmittel, anwenden können.

✓ Achten Sie auf ausgewogene und regelmäßige Mahlzeiten.

Wenn es darum geht, Ihr Kind mithilfe der Ernährung in seiner Konzentration zu unterstützen, so ist es unumgänglich, dass

Sie dafür Sorge tragen, dass Ihr Kind in regelmäßigen Zeitabständen eine ausgewogene Mahlzeit zu sich nehmen kann.

✔ **Bereiten Sie täglich ein Frühstück für Ihr Kind zu.**

Für die Nährstoffversorgung des Körpers Ihres Kindes mit komplexen Kohlenhydraten und folglich auch die Förderung der Konzentrationsfähigkeit ist es wichtig, dass Sie Ihrem Kind täglich ein ausgiebiges Frühstück zubereiten.

Idealerweise bieten sich hierfür ein mit Frischkäse oder Kräuterquark bestrichenes Vollkornbrot mit einigem Gemüse oder alternativ Joghurt mit Haferflocken und dazu Früchten an.

Was am frühen Morgen zum Frühstück nicht in die Frühstücksschale Ihres Kindes kommen sollte sind hingegen Schokomüsli sowie diverse andere Cerealien, die gerne von Kindern gefrühstückt werden. Der Hauptgrund dafür besteht in dem hohen Zuckergehalt, der Ihr Kind lediglich über einen kurzen Zeitraum hinweg mit Energie versorgt.

Auch für unterwegs sollten Sie Ihrem Kind eine Brotdose mit einem ausgewogenen Frühstück vorbereiten. Auch hier bieten sich wieder ein bestrichenes Vollkornbrot mit einer Beilage aus Gemüse und Obst an. Zusätzlich können Sie Ihrem Kind auch eine Handvoll Nüsse oder ein kleines Müsli mit auf den Weg geben, um sich auch unterwegs mit Energie versorgen zu können.

✔ **Bieten Sie Ihrem Kind die richtigen Snacks an.**

Sie möchten Ihrem Kind die Möglichkeit bieten, sich zusätzlich zum Frühstück noch einmal mit komplexen Kohlenhydraten zu versorgen, die das Gehirn weiter fördern können? Dann sollten

Sie am besten dafür sorgen, dass Ihr Kind zu Snacks greift, die eiweißhaltig und vitalstoffreich sind.

Hierfür bieten sich vor allem Smoothies an, die Sie aus einer Kombination von Beeren und Joghurt anmischen können. Alternativ können Sie Ihrem Kind auch eine Banane geben, die voll mit Kalium und Magnesium ist und zugleich auch noch die Aminosäure Tryptophan enthält.

Unabhängig davon, welchen Snack Sie Ihrem Kind konkret anbieten möchten, gilt, dass schon eine kleine Portion vollkommen ausreichend für das Gehirn Ihres Kindes ist, da sich dieses alles nimmt, was es benötigt. Bieten Sie Ihrem Kind hingegen Portionen an, die schlichtweg zu groß sind, so sorgt dies lediglich dafür, dass die Verdauung um einiges länger andauert, wodurch sich auch schneller eine Müdigkeit bei Ihrem Kind einstellt.

✓ **Geben Sie Ihrem Kind keinen Traubenzucker – vor allem nicht vor Klausuren.**

Natürlich kommt es unmittelbar nach dem Verzehr von Traubenzucker zu einem spürbaren Energiekick – dieser lässt jedoch auch nach 20 Minuten bereits wieder ab, was durch den rapiden Abfall des Blutzuckerspiegels bedingt ist. Tatsächlich fällt dieser sogar unter das Ausgangsniveau, bevor Ihr Kind überhaupt erst Traubenzucker zu sich genommen hat.

Doch was bedeutet das nun genau? Nun, der rapide Abfall des Blutzuckers sorgt dafür, dass sich nicht nur die Energie und Leistungsfähigkeit immens reduzieren, sondern auch ein Gefühl des Heißhungers und der Müdigkeit eintreten.

Anstelle von Traubenzucker sollte Ihr Kind deshalb lieber zu Trockenobst greifen, wenn es etwas naschen möchte.

✓ **Halten Sie den Zuckerkonsum Ihres Kindes in Maßen.**

Tatsächlich ist es das Gehirn, was von allen Organen des menschlichen Körpers den größten Energiebedarf aufweist, den es durch Zucker beziehungsweise durch Glukose zu decken gilt.

Hierbei ist jedoch Vorsicht geboten, denn ein Überangebot an Zucker entfacht eine kontraproduktive Wirkung.

Insbesondere kurzkettige Kohlenhydrate, wie sie in Produkten aus Weißmehl und Zucker zu finden sind, können vom Körper binnen kürzester Zeit verarbeitet werden. Diese schnelle Kohlenhydratverarbeitung sorgt dafür, dass ein kurzfristiger Anstieg des Insulinspiegels auftritt, der allerdings keine nachhaltige Versorgung mit Energie gewährleistet. Stattdessen kommt es durch das Zuckerüberangebot zu einer förmlichen Lähmung des Gehirns.

Stattdessen sollten Sie also darauf achten, Ihr Kind mit langkettigen Kohlenhydraten zu versorgen, die beispielsweise in Vollkornprodukten enthalten sind. Der Grund dafür liegt in der Aufspaltung der langkettigen Kohlenhydrate, die deutlich langsamer stattfindet und die Kohlenhydrate letztlich einer Umwandlung in Zucker unterliegen. Somit gewährleisten langkettige Kohlenhydrate eine kontinuierliche Versorgung des Gehirns mit Energie, was eine Unterstützung der Steigerung der Konzentration darstellt.

Demzufolge sollten Sie davon absehen, Ihrem Kind zu viele Süßigkeiten zum Naschen zu geben, da sie schlichtweg kein guter Energielieferant sind. Genau genommen ist der Körper nicht einmal auf ein Angebot an Süßigkeiten angewiesen, sondern kann auch gänzlich darauf verzichten.

- ✓ **Halten Sie sich an die 5-a-day-Regel.**
  Die 5-a-day-Regel besagt, dass tagtäglich ein Verzehr von mindestens zwei Portionen Obst zu drei Portionen Gemüse gesichert sein sollte. Zusätzlich dazu sollten Sie Ihrem Kind eine Auswahl an (ungesalzenen) Nüssen und Hülsenfrüchten anbieten.
- ✓ **Kochen Sie frisch und verzichten Sie auf Aromastoffe sowie Geschmacksverstärker.**
  Das frische Kochen macht grundsätzlich immer Sinn – insbesondere vor dem Hintergrund, dass Sie selbst wissen, was in den Gerichten im Detail enthalten ist.
  Beim Kochen sollten Sie dabei grundsätzlich darauf verzichten, Ihren Gerichten Aromastoffe oder Geschmacksverstärker hinzuzufügen, da diese auf Dauer zu einer Schädigung des Körpers führen können.
- ✓ **Lassen Sie Ihr Kind vor Klausuren und etwaigen Prüfungen die richtigen Lebensmittel verzehren.**
  Oftmals ist es insbesondere vor Prüfungssituationen notwendig, noch einmal einen Energiekick zu erhalten, bevor es in die Phase der tiefen Konzentration geht. An dieser Stelle ist es von Bedeutung, dass Ihr Kind den richtigen Snack für sich auswählen kann – und zwar nicht nur hinsichtlich seines eigenen Körpers, sondern gleichermaßen auch, wenn es um seine Psyche geht.

Um den schnellen Energiekick zu erzielen, ist es hilfreich, wenn Ihr Kind vor einer Klausur die Möglichkeit hat, eine Handvoll Nüsse oder Trockenfrüchte zu verzehren. Letztere könnten dabei beispielsweise aus Aprikosen, Datteln oder Feigen bestehen.

Von Müsliriegeln hingegen sollte Ihr Kind absehen, da diese häufig einen hohen Zuckergehhalt aufweisen, der zu einem kurzfristigen Anstieg des Blutzuckerspiegels führen kann. Auf diese Weise stellt sich binnen kurzer Zeit wieder ein Gefühl des Hungers ein und auch die Konzentration lässt schnell wieder nach.

✓ Machen Sie Ihrem Kind beim Essen keinen Zeitdruck.

Ihr Kind sollte immer ausreichend Zeit dafür haben, seine Mahlzeiten in aller Ruhe zu sich nehmen zu können. Nur auf diese Weise können Sie wirklich gewährleisten, dass der Körper Ihres Kindes sich wirklich darauf einstellen kann, durch die Nahrung Nährstoffe zugeführt zu bekommen, die aufgenommen und verwertet werden sollten.

✓ Setzen Sie auf leichte Kost anstelle von deftigen und fettigen Gerichten.

Gerichte, die deftig und fettig sind, besitzen die Eigenschaft schwer im Magen zu liegen. Dies führt dazu, dass sich eine gewisse Trägheit im Gehirn einstellt. Dementsprechend macht es Sinn, dass Sie Ihrem Kind lieber leichte Kost servieren, die sich aus einer Kombination von Gemüse, Getreide, Milchprodukten und Obst zusammensetzt.

Idealerweise sollten die Mahlzeiten lieber in mehreren kleinen Portionen angerichtet werden als in einer sehr großen Portion, um den Magen nicht zu sehr zu belasten, zeitgleich aber auch eine Förderung des Kopfes erzielen zu können.

✓ **Vermeiden Sie versteckte Fette.**

Vor allem in Fertiggerichten und Fast Food, Gebäck, Süßigkeiten und Wurst stecken jede Menge versteckte Fette, weshalb Sie diese Lebensmittel unbedingt vermeiden sollten. Zudem ist auch der Zuckergehalt in der Regel recht hoch. Bei der Wahl von Ölen und Streichfetten sollten Sie grundsätzlich immer die pflanzliche Variante bevorzugen.

✓ **Wählen Sie grundsätzlich lieber die Vollkornvariante.**

Nudeln und Reis sind beliebte Beilagen, Brot ein gerngesehenes Frühstück und auch weitere Getreideprodukte kommen im Alltag auf dem Speiseplan nicht zu kurz. Aber Achtung: Besser ist es, wenn Sie anstatt der herkömmlichen Varianten immer lieber auf die Vollkornvariante zurückgreifen, da diese im Vergleich zu Weißmehlprodukten einen deutlich geringen Zuckergehalt besitzen und zumeist auch wertvolle Ballaststoffe enthalten.

5 leckere Rezepte für Kinder, die die Konzentration anregen

Wer sich leicht ablenken lässt,
muss viele Umwege in Kauf nehmen.
- Ernst Festl

Apfelringe

Wenn Sie Ihrem Kind einen gesunden Snack anbieten möchten, eignen sich diese süßen Apfelringe besonders gut. Simpel zubereitet und einfach lecker!

Schwierigkeitsgrad	*leicht*
Portionen	*6*
Arbeitszeit	*10 Minuten*
Backzeit	*2 Stunden*

Zutaten

1 Liter	Wasser
1 Prise	Salz
½	Zitrone, den Saft davon
5	Äpfel

Zubereitung:

I. Heizen Sie den Backofen auf 50° C Grad Umluft vor.

II. Befüllen Sie eine Schüssel mit dem Wasser und vermischen Sie dieses mit dem Salz und dem Zitronensaft.

III. Schälen Sie die Äpfel, entfernen Sie das Kerngehäuse und schneiden Sie sie dann in feine Scheiben. Legen Sie diese für etwa 10 Minuten in dem Zitronenwasser ein.

IV. Entnehmen Sie die Äpfel aus dem Zitronenwasser und breiten Sie sie auf einem Backofenrost aus.

V. Backen Sie die Apfelringe für rund 2 Stunden im vorgeheizten Backofen und lassen Sie die Backofenklappe dabei leicht offen.

Bananen Smoothie

Wenn es einmal schnell gehen soll, Sie Ihrem Kind aber dennoch einen gesunden Snack oder ein gesundes Frühstück zubereiten möchten, so eignet sich dieser frische Bananen Smoothie ideal! Mit nur vier Zutaten ist dieser Smoothie in weniger als fünf Minuten zubereitet.

Schwierigkeitsgrad	*leicht*
Portionen	*1*
Arbeitszeit	*5 Minuten*

Zutaten

50 Mililiter	Milch
½ Teeloffel	Zimt
1	reife Banane

Zubereitung:

I. Schälen Sie die Banane, brechen Sie sie in grobe Stücke und geben Sie sie gemeinsam mit den Eiswürfeln, der Milch und dem Zimt in einen Standmixer.

II. Verarbeiten Sie die Zutaten mithilfe des Standmixers, bis ein homogener Smoothie entsteht. Alternativ können Sie die Zutaten auch zusammen in eine Schüssel geben und sie mit einem Pürierstab zu einem glatten Smoothie verarbeiten.

Brokkoli-Pasta

Diese simple Pasta kombiniert gesunden Brokkoli mit herber Pasta, würzigem Knoblauch und knackigen Nüssen!

Schwierigkeitsgrad	*leicht*
Portionen	*2*
Arbeitszeit	*20 Minuten*

Zutaten

30 Gramm	Nüsse
160 Gramm	Brokkoli
240 Gramm	Pasta
1 Esslöffel	Olivenöl
½	Knoblauchzehe

Zubereitung:

I. Waschen Sie den Brokkoli gründlich unter fließendem, heißen Wasser ab und garen Sie ihn dann in ausreichend Salzwasser für rund 5 Minuten. Gießen Sie den Brokkoli anschließend ab und lassen Sie ihn ein wenig abkühlen.

II. Kochen Sie in der Zwischenzeit die Pasta entsprechend den Angaben auf der Verpackung.

III. Schälen Sie den Knoblauch und hacken Sie ihn fein.

IV. Erhitzen Sie das Olivenöl in einer Pfanne und braten Sie den Knoblauch darin glasig an. Geben Sie anschließend den Brokkoli hinzu und lassen Sie ihn für einige Minuten mitbraten.

V. Fügen Sie die Nudeln dem übrigen Pfanneninhalt hinzu, vermengen Sie alles gut miteinander und dünsten Sie den Pfanneninhalt abschließend für weitere 5 Minuten.

Buttermilch-Pancakes

Jedes Kind liebt sie – ob zum Frühstück oder Mittag – Pancakes sind der absolute Hit! In diesem Rezept in einer gesunden Vollkornvariante mit leckerer Buttermilch. Ideal dazu passen rote Früchte und ein Klecks Naturjoghurt.

Schwierigkeitsgrad	*leicht*
Portionen	*6*
Arbeitszeit	*20 Minuten*
Ruhezeit	*10 Minuten*

Zutaten

250 Gramm	Weizenvollkornmehl
500 Mililiter	Buttermilch
1 Esslöffel	Puderzucker
4 Esslöffel	Öl
1 Päckchen	Backpulver
1 Prise	Salz
1 Schuss	Mineralwasser
1	Ei

Zubereitung:

I. Geben Sie das Weizenvollkornmehl in eine Schüssel und vermischen Sie es mit dem Backpulver, dem Puderzucker sowie dem Salz.

II. Schlagen Sie das Ei auf, geben Sie es in einen tiefen Teller und verschlagen Sie es mithilfe einer Gabel.

III. Gießen Sie die Buttermilch in eine Schüssel, rühren Sie das geschlagene Ei unter und verrühren Sie das Ganze mithilfe eines Schneebesens dann mit den trockenen Zutaten aus Schritt 1 sowie 1 Esslöffel Öl, bis eine homogene Teigmasse entsteht.

IV. Rühren Sie das Mineralwasser in den Schüsselinhalt ein, vermischen Sie alles noch einmal gründlich und lassen Sie den Teig dann für 10 Minuten ruhen.

V. Bepinseln Sie eine Pfanne mit dem übrigen Öl und backen Sie die Pancakes in esslöffelgroßen Portionen goldbraun von beiden Seiten an. Wiederholen Sie den Vorgang so lange, bis der gesamte Teig verbraucht ist.

Falafel-Pita

Ein abwechslungsreiches und vor allem deftiges Geschmacksvergnügen, was allen schmeckt und das Gehirn in Schwung bringt.

Schwierigkeitsgrad	*leicht*
Portionen	*4*
Arbeitszeit	*20 Minuten*
Backzeit	*15 Minuten*
Ruhezeit	*10 Minuten*

Zutaten

1 Esslöffel	Mehl
1 Esslöffel	Paniermehl
½ Bund	Petersilie
2 Dosen	Kichererbsen
1	Eigelb
1	Zwiebel
2	Knoblauchzehen
4	Vollkorn-Piataschen
	Kreuzkümmel
	Pfeffer
	Salz

Zutaten für die Sauce

100 Gramm	Creme fraiche
3 Stiele	Koriander
1/5	Zitrone, den Saft davon
1	Chili
	Pfeffer
	Salz
Optional	Gurken, Salat, Tomaten

Zubereitung:

I. Heizen Sie den Backofen auf 150° C Grad Umluft vor.

II. Geben Sie die Kichererbsen in ein Sieb und spülen Sie sie so lange unter fließendem Wasser ab, bis dieses klar bleibt.

Schälen Sie den Knoblauch und die Zwiebel und schneiden Sie beides in feine Würfel. Waschen Sie die Petersilie und zerhacken Sie diese. Geben Sie die Zutaten dann zusammen in eine Schüssel und pürieren Sie sie mithilfe eines Pürierstabes zu einer feinen Konsistenz.

III. Vermengen Sie den Schüsselinhalt mit dem Eigelb, dem Mehl und dem Paniermehl. Würzen Sie die Mischung kräftig mit dem Kreuzkümmel, dem Pfeffer und dem Salz und stellen Sie die Masse für rund 30 Minuten im Kühlschrank kalt.

IV. Formen Sie aus der Masse im Anschluss kleine Bällchen, verteilen Sie diese auf einem mit Backpapier ausgelegten Backblech und backen Sie sie für etwa 12 Minuten im vorgeheizten Backofen.

V. Waschen Sie derweil den Chili und den Koriander, schütteln Sie letzteres trocken, hacken Sie beides fein und vermischen Sie sie mit der Creme fraiche.

VI. Schmecken Sie die Creme fraiche mit dem Pfeffer, dem Salz und dem Zitronensaft ab.
Toasten Sie die Pitataschen, bis sie eine goldbraune Farbe annehmen. Schneiden Sie die Taschen dann seitlich auf der Hälfte der Dicke ein, sodass eine Tasche entsteht. Bestreichen Sie diese auf den Innenseiten mit der Creme fraiche, füllen Sie einige der Falafel hinein und garnieren Sie die Pitataschen nach dem Geschmack Ihres Kindes mit Gurken, Salat und Tomaten.

Die Praxis

Wenn ich so viele Dinge erreicht habe, so liegt das daran, dass ich immer nur eine Sache zur gleichen Zeit wollte.

- William Pitt

Übungen und Spiele für 5-7-Jährige

Das Klatschlied

Spieltyp	Bewegung
Geeignet ab	5 Jahren
Fördert	Koordination, Rhyrhmusgefühl, Sprachverständnis

Besondere Anmerkungen:

Dieses Spiel kann besonders gut mit Kinderr gespielt werden, die schüchtern sind und sich eher schwer damit tun, aus sich herauszukommen.

Benötigt werden:

Für dieses Spiel benötigen Sie keine speziellen Gegenstände.

Anleitung:

Bei diesem Spiel geht es darum, dass sich zwei Kinder gegenüberstehen und sie gemeinsam den nachstehenden Spruch aufsagen, während sie dabei rhythmisch bestimmte Übungen ausführen. Zunächst sollten die Kinder dementsprechend den notwendigen Spruch auswendig lernen, damit sie ihn gemeinsam aufsagen können. Bei dem Spruch handelt es sich um den Folgenden:

Wir klatschen in die Hände,

wir klatschen auf den Po,

wir klatschen auf die Schultern,

wir klatschen einfach so.

Haben die Kinder den Spruch auswendig gelernt und können ihn flüssig sprechen, so kommen die jeweiligen Bewegungen hinzu. Im Grunde genommen handelt es sich um einen Wechsel zwischen dem Klatschen in die Hände und auf die Oberschenkel sowie das jeweils genannte Körperteil – beim Po wird also auf den Po geklatscht und bei den Schultern auf die Schultern. Das Ganze erfolgt bei den einzelnen Silben. Die Zahl neben der jeweiligen Silbe steht dabei für die entsprechende Bewegung, die ausgeübt werden soll:

1 – Klatschen in die Hände

2 – Klatschen auf die Oberschenkel

3 – Klatschen auf den Po

4 – Klatschen auf die Schultern

5 – Klatschen mit den Händen vor der Brust

Aber vereinfacht und verständlich funktioniert es wie folgt:

Wir	2 (Oberschenkel)
klat-	1 (Hände)
-schen	1 (Hände)
in	2 (Oberschenkel)
die	2 (Oberschenkel)
Hän-	1 (Hände)
-de	1 (Hände)

Wir	2
klat-	1

Wir	2
klat-	1

Wir	2
klat-	1

-schen	1
auf	2
den	2
Po	3

-schen	1
auf	2
die	2
Schul-	4
-tern	4

-schen	1
ein-	2
-fach	2
so	5

Das Rhythmus-Spiel

Spieltyp	Bewegung
Geeignet ab	5 Jahren
Fördert	Motorische Konzentration

Besondere Anmerkungen:

Dieses Spiel eignet sich besonders gut, wenn mehrere Kinder mitspielen sollen.

Benötigt werden:

Um dieses Spiel spielen zu können werden lediglich ein Kochlöffel und ein Topf benötigt.

Anleitung:

Während dieses Spieles geht es darum, dass Sie mit dem Kochlöffel in einem gleichmäßigen Rhythmus auf den Topf schlagen. Hierbei ist es wichtig, dass Ihr Kind seine Konzentration auf den Takt ausrichtet und während dem Takt gleichmäßige Schritte macht.

Nun kommt der Twist an dem Ganzen, denn es geht darum, dass Sie unerwartet den Takt des Trommelns unterbrechen. Solange Sie nicht weitertrommeln, muss Ihr Kind still stehen bleiben, wie es auch vom

Stopptanz bekannt ist. Erst dann, wenn Sie das Trommeln wieder einleiten, darf Ihr Kind sich weiterbewegen.

Bewegt sich ein Kind trotz des Aussetzens des Taktes weiter, scheidet es aus dem Spiel aus. Das Spiel wird dann so lange weitergespielt, bis nur noch ein Kind übrigbleibt.

Das Tippspiel

Spieltyp	Koordination, Motorik
Geeignet ab	5 Jahren
Fördert	Konzentration

Besondere Anmerkungen:

Im Rahmen dieser Übung geht es darum, dass Ihr Kind mithilfe einer Kombination aus Bewegung und Gedächtnistraining spielt. Dementsprechend hoch ist das Maß, was Ihr Kind an Konzentration und Koordinationsgeschick mitbringen sollte.

Benötigt werden:

Für dieses Spiel benötigen Sie keine speziellen Gegenstände.

Anleitung:

Gerade zu Beginn kann Ihr Kind dieses Spiel der Einfachheit halber mit nur einer Hand spielen. Je mehr Übung Ihr Kind in diesem Spiel bekommt, desto eher kann Ihr Kind für dieses Spiel auch die zweite Hand herbeinehmen.

Im Grunde genommen geht es darum, dass jeder Finger der Hand Ihres Kindes eine Zahl zugewiesen bekommt. Das heißt der Daumen steht für Nummer 1, der Zeigefinger für Nummer 2, der Mittelfinger für Nummer 3, der Ringfinger für Nummer 4 und der kleine Finger für Nummer 5. Sobald die zweite Hand dazu genommen wird, werden die Zahlen von 6 bis 10 ergänzt.

Nun schreiben Sie Ihrem Kind einen Zahlencode auf einen Zettel, den Ihr Kind dann auf dem Tisch mit seinen Fingern nachtippen soll.

Als Beispiel:

Sie schreiben den Zahlencode 52413 auf einen Zettel. Das heißt Ihr Kind tippt in der folgenden Reihenfolge auf den Tisch:

Kleiner Finger – Zeigefinger – Ringfinger – Daumen - Mittelfinger

Alternativ können die Zahlen auch in einem beliebigen Tempo angesagt werden, sodass Sie diese nicht auf einen Zettel schreiben müssen. Ziel des Ganzen ist es dann, dass Ihr Kind so schnell wie nur möglich mit dem angesagten Finger auf den Tisch tippt.

Das Verbotsspiel

Spieltyp	Gedächnistraining
Geeignet ab	6 Jahren
Fördert	Sprachliche Ausdrucksfähigkeit, Konzentration

Besondere Anmerkungen:

Dieses Spiel lässt sich ortsunabhängig spielen und ist recht unkompliziert.

Benötigt werden:

Für dieses Spiel benötigen Sie keine speziellen Gegenstände.

Anleitung:

Bei diesem Spiel können zwei Spieler*innen mitspielen. Im Grunde genommen geht es dabei darum, sich in unterschiedlichen Spielerunden, wobei jede einzelne eine Spielzeit von zwei Minuten nicht überschreiten sollte, Fragen zu stellen. Hierbei wird Runde für Runde gespielt, das heißt in der ersten Runde ist beispielsweise Person 1 die fragende Person, während Person 2 die befragte Person ist. In der nächsten Runde wird dann gewechselt.

Ziel des Spieles ist es, dass die fragende Person über zwei Minuten hinweg möglichst viele Fragen stellt, die allerdings lediglich mit „Ja" oder „Nein" beantwortet werden können. Doch Achtung: Die befragte Person darf weder mit „Ja" oder „Nein" antworten, sondern muss die Antwort dahingehend formulieren, dass die Antwort zwar verständlich ist, jedoch kein „Ja" oder „Nein" gesagt wird.

Als Beispiel:

„Magst Du gerne Tiere?“

- „Ich finde Tiere toll.“

Hierbei entscheidet die antwortende Person darüber, wer das Spiel gewinnt. Das heißt, wenn es der antwortenden Person gelingt, jede der Fragen der fragenden Personen zu beantworten ohne, dass ein „Ja“ oder ein „Nein“ fällt, so hat die antwortende Person gewonnen. Sagt die antwortende Person jedoch ein „Ja“ oder „Nein“, so gewinnt die fragende Person.

Das Wasserspiel

Spieltyp	Koordination, Motorik
Geeignet ab	6 Jahren
Fördert	Konzentration

Besondere Anmerkungen:

Dieses Spiel befasst sich damit, dass Ihr Kind lernen soll, die Ruhe zu bewahren und seinen Fokus auf einen bestimmten Punkt auszurichten.

Benötigt werden:

Für dieses Spiel benötigen Sie ein Glas und Wasser.

Anleitung:

Befüllen Sie ein Glas mit Wasser und geben Sie Ihrem Kind dieses in die Hand. Dieses Wasserglas sollte Ihr Kind dann mit ausgestrecktem

Arm gerade vor sich halten, wobei es seinen Arm so ruhig halten sollte, dass das Wasser im Glas sich nicht bewegt. Diese Übung ist tatsächlich gar nicht so einfach.

Zusatzinformation:

Zwar dauert die Übung lediglich eine kurze Zeit – während dieser können Sie allerdings ganz genau beobachten, wie Ihr Kind die Aufmerksamkeit auf die Oberfläche des Wassers im Glas richtet.

Finde den richtigen Schatten

Spieltyp	Koordination, Motorik
Geeignet ab	5 Jahren
Fördert	Konzentration

Besondere Anmerkungen:

Dieses Spiel ist recht simpel und bereitet Kindern große Freude.

Benötigt werden:

Für dieses Spiel benötigen Sie keine speziellen Gegenstände.

Anleitung:

Bei diesem Spiel geht es darum, dass Ihr Kind erkennt, welche der Figuren zu dem jeweiligen Schatten gehört.

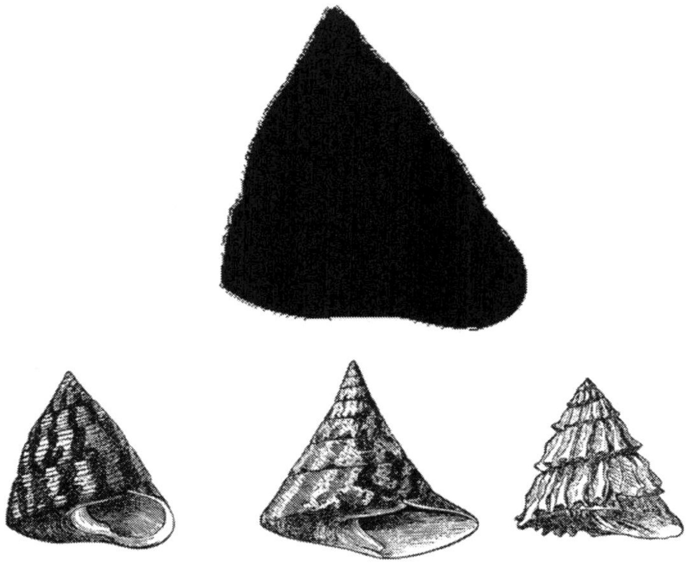

Ich packe meinen Koffer

Spieltyp	Training für das Gedächnis
Geeignet ab	6 Jahren
Fördert	Merkleistung

Besondere Anmerkungen:

Dieses Spiel ist bei Groß und Klein beliebt und sorgt dafür, dass sich die Merkfähigkeit verbessert.

Benötigt werden:

Für dieses Spiel benötigen Sie keine speziellen Gegenstände.

Anleitung:

Im Rahmen des Spieles „Ich packe meinen Koffer" geht es darum, einen imaginären Koffer mit Gegenständen der Wahl zu befüllen. Das Spiel wird abwechselnd gespielt, wobei der/die nächste Spieler*in immer all die Dinge mit in seinem Koffer aufzählen muss, die die Spieler*innen zuvor bereits in ihren Koffer gepackt haben. Jede*r Spieler*in beginnt seine / ihre Runde mit dem Satz „Ich packe meinen Koffer und nehme mit (···)" und vollendet den Satz dann mit den entsprechenden Gegenständen.

Zum Verständnis:

Spieler*in 1 beginnt das Spiel mit der Aussage:

„Ich packe meinen Koffer und nehme mit··· eine Sonnenbrille."

Spieler*in 2 muss das Ganze daraufhin wiederholen und einen eigenen Gegenstand hinzufügen:

„Ich packe meinen Koffer und nehme mit … eine Sonnenbrille und ein Handtuch."

Das Spiel wird so lange weitergespielt, bis einem / einer Mitspieler*in es nicht mehr gelingt, die Gegenstände in der richtigen Reihe aufzuführen. Jene*r Spieler*in scheidet dann aus dem Spiel aus. Das Spiel wird am Ende von der Person gewonnen, die schlussendlich die meisten Gegenstände in der korrekten Reihenfolge aufzählen konnte.

Zusatzinformation:

Übrigens können sich Kinder, die noch in den Kindergarten gehen, in der Regel nicht mehr als zwei oder drei Wörter merken. Mit jeden weiteren zwei Lebensjahren kommt jeweils ein weiteres Wort hinzu, was sich das Kind merken kann, bis es irgendwann zu stagnieren beginnt. Eine durchschnittliche erwachsene Person kann sich meist etwa sieben Wörter merken.

Übungen und Spiele für 8-10-Jährige

Das Alphabet-Spiel

Spieltyp	Gedächnistraining
Geeignet ab	8 Jahren
Fördert	Merkleistung

Besondere Anmerkungen:

Dieses Spiel ist recht anspruchsvoll und kann ortsunabhängig gespielt werden.

Benötigt werden:

Für dieses Spiel benötigen Sie keine speziellen Gegenstände.

Anleitung:

Bei diesem Spiel geht es darum, dass Ihr Kind das Alphabet aufsagt – allerdings nicht wie üblich vorwärts, denn das wäre zu leicht. Stattdessen sollte Ihr Kind das Alphabet rückwärts aufsagen, das heißt in umgekehrter Reihenfolge, sodass es mit Z beginnt und mit A endet.

Buchstabengitter

Spieltyp	Gedächnistraining
Geeignet ab	9 Jahren
Fördert	Konzentration

Besondere Anmerkungen:

Bei diesem Spiel geht es darum, aufmerksam zu sein, um alle gesuchten Wörter finden zu können.

Benötigt werden:

Für dieses Spiel benötigen Sie keine speziellen Gegenstände.

Anleitung:

Bei diesem Spiel sieht Ihr Kind ein großes Gitter, was gefüllt mit allen möglichen Buchstaben ist. Inmitten diesem Wirrwarr verstecken sich zahlreiche Worte zu einem bestimmten Thema. Diese gilt es für Ihr Kind zu finden und einzukreisen.

Gitter 1

A	H	K	V	E	S	K	H	X	W	Z	O	B	U	F
E	I	S	A	A	N	B	E	R	D	B	E	E	R	E
S	G	C	H	C	A	M	P	I	N	G	L	A	L	G
S	C	H	W	I	M	M	B	A	D	R	F	T	A	E
R	S	W	Z	W	E	R	T	Z	K	I	R	P	U	R
T	B	I	K	I	N	I	L	K	J	L	E	I	B	W
U	W	M	E	E	R	A	E	H	V	L	U	C	U	R
V	Q	M	S	C	H	W	I	T	Z	E	N	K	T	T
N	G	E	W	G	U	S	T	R	A	N	D	N	S	F
B	Z	N	R	A	P	O	O	L	J	R	E	I	A	E
I	X	I	H	H	L	N	Q	V	F	U	W	C	H	R
E	N	T	S	P	A	N	N	E	N	E	B	K	U	I
N	C	P	A	L	M	E	A	G	E	N	O	J	D	E
E	A	K	W	A	S	S	E	R	B	O	M	B	E	N
N	J	L	J	W	B	D	N	M	S	Y	W	A	R	M

Thema: Sommer

Versteckte Worte:

Bienen, Bikini. Camping, Eis, Entspannen, Erdbeere, Ferien, Freunde, Grillen, Meer, Palme, Picknick, Pool, Schwimmbad, Schwimmen, Schwitzen, Sonne, Strand, Urlaub, Warm, Wasserbomben

Gitter 2

A	L	D	E	L	F	I	N	B	T	C	F	E	D	R
M	E	E	R	S	C	H	W	E	I	N	C	H	E	N
G	O	K	Z	M	A	U	S	S	G	A	G	B	N	E
H	P	A	N	D	A	N	P	F	E	R	D	M	T	F
S	A	T	A	F	F	D	M	N	R	E	R	K	E	U
I	R	Z	U	H	G	R	J	U	K	L	W	O	L	F
L	D	E	K	E	A	X	O	L	O	T	L	A	M	A
S	C	H	I	L	D	K	R	O	E	T	E	L	D	H
K	A	N	I	N	C	H	N	E	N	J	S	A	O	V
O	H	N	A	B	L	A	U	W	A	L	L	D	G	O
P	B	K	R	H	X	B	V	E	F	U	C	H	S	G
S	N	A	S	H	O	R	N	G	I	R	A	F	F	E
H	P	M	Q	G	K	Z	C	V	S	A	F	T	H	L
K	A	E	N	G	U	R	U	A	C	K	F	E	M	N
G	X	L	H	U	H	I	S	C	H	W	E	I	N	F

Thema: Tiere

Versteckte Worte:

Affe, Axolotl, Blauwal, Delfin, Ente, Fisch, Fuchs, Giraffe, Hund, Kamel, Kaenguru, Kaninchen, Katze, Koala, Kuh, Lama, Leopard, Loewe, Maus, Meerschweinchen, Nashorn, Panda, Pferd, Schildkroete, Schwein, Tiger, Vogel, Wolf

Lösungen:

Gitter 1)

A	H	K	V	E	S	K	H	X	W	Z	O	B	U	F
E	I	S	A	A	N	B	E	R	D	B	E	E	R	E
S	G	C	H	C	A	M	P	I	N	G	L	A	L	G
S	C	H	W	I	M	M	B	A	D	R	F	T	A	E
R	S	W	Z	W	E	R	T	Z	K	I	R	P	U	R
T	B	I	K	I	N	I	L	K	J	L	E	I	B	W
U	W	M	E	E	R	A	E	H	V	L	U	C	U	R
V	Q	M	S	C	H	W	I	T	Z	E	N	K	T	T
N	G	E	W	G	U	S	T	R	A	N	D	N	S	F
B	Z	N	R	A	P	O	O	L	J	R	E	I	A	E
I	X	I	H	H	L	N	Q	V	F	U	W	C	H	R
E	N	T	S	P	A	N	N	E	N	E	B	K	U	I
N	C	P	A	L	M	E	A	G	E	N	O	J	D	E
E	A	K	W	A	S	S	E	R	B	O	M	B	E	N
N	J	L	J	W	B	D	N	M	S	Y	W	A	R	M

Gitter 2)

A	L	D	E	L	F	I	N	B	T	C	F	E	D	R
M	E	E	R	S	C	H	W	E	I	N	C	H	E	N
G	O	K	Z	M	A	U	S	S	G	A	G	B	N	E
H	P	A	N	D	A	N	P	F	E	R	D	M	T	F
S	A	T	A	F	F	D	M	N	R	E	R	K	E	U
I	R	Z	U	H	G	R	J	U	K	L	W	O	L	F
L	D	E	K	E	A	X	O	L	O	T	L	A	M	A
S	C	H	I	L	D	K	R	O	E	T	E	L	D	H
K	A	N	I	N	C	H	N	E	N	J	S	A	O	V
O	H	N	A	B	L	A	U	W	A	L	L	D	G	O
P	B	K	R	H	X	B	V	E	F	U	C	H	S	G
S	N	A	S	H	O	R	N	G	I	R	A	F	F	E
H	P	M	Q	G	K	Z	C	V	S	A	F	T	H	L
K	A	E	N	G	U	R	U	A	C	K	F	E	M	N
G	X	L	H	U	H	I	S	C	H	W	E	I	N	F

Stadt-Land-Fluss

Spieltyp	Gedächnistraining
Geeignet ab	10 Jahren
Fördert	Konzentration

Besondere Anmerkungen:

Dieses Spiel ist für Groß und Klein gleichermaßen geeignet und bereitet allen große Freude.

Benötigt werden:

Für dieses Spiel benötigen Sie pro Spieler*in jeweils einen Stift und ein Blatt Papier.

Anleitung:

Bei Stadt-Land-Fluss geht es darum, wer am schnellsten alle erforderlichen Kategorien zu einem bestimmten Buchstaben ausfüllen kann.

Dafür sollten Sie zunächst eine Tabelle auf einem Blatt Papier anlegen. Die oberste Zeile befüllen Sie dabei mit den Themen, zu denen Sie Begriffe finden möchten. Im traditionellen Spiel sind dies Berufe, Namen, Pflanzen, Tiere, Stadt, Land und Fluss. Bei den Kategorien sind Sie jedoch völlig frei, sodass Sie auch neue Kategorien wie Buchtitel, Filmtitel, Fußballspieler*innen, Hunderassen, Sänger*innen, Sportarten oder sonstiges nehmen können.

In den Zeilen darunter tragen Sie jeweils das Wort ein, was Ihnen zu dem entsprechenden Buchstaben einfällt.

Es gibt immer eine*n Spieler*in, die durch das Alphabet geht sowie eine*n, der den Buchstaben dann wählt. Das heißt Spieler*in 1 sagt laut „A“ und zählt das Alphabet in eigenem Tempo im Kopf leise weiter. Spieler*in 2 sagt dann laut Stopp. Spieler*in 1 teilt dann mit, bei welchem Buchstaben „Stopp“ gesagt wurde. Zu diesem Buchstaben gilt es dann alle Kategorien auszufüllen. Aber Achtung: Hier geht es um Schnelligkeit, denn der / die erste Spieler*in, die alle Kategorien befüllt hat, ruft ebenfalls laut Stopp, sodass alle anderen Spieler*innen sofort mit dem Schreiben aufhören müssen an der Stelle, wo sie gerade stecken.

Dann werden die Begriffe, die eingetragen wurden, laut abgeglichen und überprüft, ob es diese auch wirklich gibt und sie kein Produkt der Fantasie sind. Beim Auswerten darf sich jede*r Spieler*in Punkte eintragen, die eine angemessene Antwort in der Kategorie ausgefüllt hat.

Die Punkteverteilung besagt hierbei, dass Begriffe, die mehrfach genannt wurden, lediglich 1 Punkt erhalten. Begriffe, die nur ein einziges Mal fallen, erhalten 2 Punkte, während Kategorien, wo nur ein*e einzige Spieler*in einen Begriff eingetragen hat, alle anderen. Jedoch keinen, 3 Punkte.

Sudoku

Spieltyp	Gedächnistraining
Geeignet ab	9 Jahren
Fördert	Konzentration

Besondere Anmerkungen:

Dieses Spiel fordert Ihr Kind erheblich in seiner Konzentration.

Benötigt werden:

Für dieses Spiel benötigen Sie keine speziellen Gegenstände.

Anleitung:

Das Ziel bei dem Spiel Sudoku besteht darin, jedes 3x3-Quadrat mit den Ziffern 1 bis 9 zu befüllen. Das heißt es gilt zu beachten, dass in jedem 3x3er Feld die Zahlen von 1 bis 9 lediglich jeweils ein einziges Mal auftauchen dürfen – gleiches gilt auch für die vertikalen Spalten und die horizontalen Zeilen. Deshalb ist es umso wichtiger, dass Ihr Kind dieses Spiel mit voller Konzentration spielt, da es nur eine einzige richtige Lösung gibt, die zum erfolgreichen Meistern des Sudokus führt.

Sudoku 1

6	4			8	9	1		3
7		3	2			4		
2	1	9		5		6		8
9		1		7		5	3	4
	3	7	9		4			
8				3	5		6	7
1		2		4			9	
		8	5		1	7		6
4	5	6		9		2	8	

Sudoku 2

1		3		5			8	4
					2		1	
5		8		3	1	2	7	9
	3		7		4		6	8
2		5		6			4	3
4	8			9	5	7		
8		7	2		3	4		6
	1	2		4	9		3	
	4		8	7		1	5	

Sudoku 3

5		8		3	6	9	4	7
4		1	7		9			
		6		5	2	8	1	
3		2	6	7			8	
6						1	5	
9		5		4	1	3		6
1		3		2		6		4
		9		1	4	7	3	
8		7	9				2	

Sudoku 4

	2	1	6				8	
6		4	9		7		2	3
9					1	4	5	
5		3	8		6	9	1	
2	1	9	5		3	6	7	
4	3				5	8		1
7		5	1		8	2		4
		8					6	7

Lösungen:

Sudoku 1

6	4	5	7	8	9	1	2	3
7	8	3	2	1	6	4	5	9
2	1	9	4	5	3	6	7	8
9	6	1	8	7	2	5	3	4
5	3	7	9	6	4	8	1	2
8	2	4	1	3	5	9	6	7
1	7	2	6	4	8	3	9	5
3	9	8	5	2	1	7	4	6
4	5	6	3	9	7	2	8	1

Sudoku 2

1	2	3	9	5	7	6	8	4
7	9	4	6	8	2	3	1	5
5	6	8	4	3	1	2	7	9
9	3	1	7	2	4	5	6	8
2	7	5	1	6	8	9	4	3
4	8	6	3	9	5	7	2	1
8	5	7	2	1	3	4	9	6
6	1	2	5	4	9	8	3	7
3	4	9	8	7	6	1	5	2

Sudoku 3

5	2	8	1	3	6	9	4	7
4	3	1	7	8	9	2	6	5
7	9	6	4	5	2	8	1	3
3	1	2	6	7	5	4	8	9
6	7	4	3	9	8	1	5	2
9	8	5	2	4	1	3	7	6
1	5	3	8	2	7	6	9	4
2	6	9	5	1	4	7	3	8
8	4	7	9	6	3	5	2	1

Sudoku 4

3	2	1	6	5	4	7	8	9
6	5	4	9	8	7	1	2	3
9	8	7	3	2	1	4	5	6
5	4	3	8	7	6	9	1	2
8	7	6	2	1	9	3	4	5
2	1	9	5	4	3	6	7	8
4	3	2	7	6	5	8	9	1
7	6	5	1	9	8	2	3	4
1	9	8	4	3	2	5	6	7

Was passst nicht?

Spieltyp	Gedächnistraining
Geeignet ab	8 Jahren
Fördert	Konzentration

Besondere Anmerkungen:

Bei diesem Spiel muss Ihr Kind teilweise länger und intensiver nachdenken, welches Objekt nicht in die Reihe passt.

Benötigt werden:

Für dieses Spiel benötigen Sie keine speziellen Gegenstände.

Anleitung:

Ihr Kind sieht bei diesen Übungen vier unterschiedliche Bilder und eine kurze Frage darüber, welches Objekt anhand seiner Eigenschaften nicht zu den anderen passt. Ihr Kind muss hierbei jenes Objekt ausfindig machen.

Aufgabe 1:

Welches der folgenden Sportarten wird zwar mit einem Ball gespielt, ist jedoch nicht ohne Schläger spielbar?

1)

2)

3)

4)

Aufgabe 2:

Welches Tier lebt in der Regel nicht im Haus?

1)

2)

3)

4)

Aufgabe 3:

Was ist kein Obst?

1)

2)

3)

4)

Aufgabe 4:

Was ist kein Nachtisch?

1)

2)

3)

4)

Aufgabe 5:

Was ist kein Schreibutensil?

1)

2)

3)

4)

Aufgabe 6:

Was gehört nicht zum Winter?

1)

2)

3)

4)

Lösungen:

Aufgabe 1: 3); Aufgabe 2: 3); Aufgabe 3: 4); Aufgabe 4: 2); Aufgabe 5: 1); Aufgabe 6: 3)

Übungen und Spiele für 11-13-Jährige

Assoziationskette

Spieltyp	Gedächnistraining
Geeignet ab	11 Jahren
Fördert	Konzentration

Besondere Anmerkungen:

Dieses Spiel lässt sich besonders gut in größeren Gruppen spielen.

Benötigt werden:

Für dieses Spiel benötigen Sie keine speziellen Gegenstände.

Anleitung:

Bei diesem Spiel geht es darum, Ketten von Wörtern zu bilden. Dafür stellen sich alle mitspielenden Personen in einem Kreis auf. Ein*e Mitspieler*in beginnt damit, ein Wort zu nennen, dann geht es reihum im Uhrzeigersinn. Der / die nächste Spieler*in nennt dann sofort ein Wort, was ihm / ihr zu dem ersten Begriff einfällt – und zwar absolut spontan und ohne darüber nachzudenken. Die Person, die danach dran ist, nennt ebenfalls wieder spontan ein Wort, was ihm / ihr zu dem Begriff zuvor in den Kopf kommt.

Das Spiel geht so lange, bis es aktiv unterbrochen wird. Worauf es also ankommt, ist spontan zu agieren und nicht groß darüber nachzudenken. Das, was jede*r Mitspieler*in äußert, bleibt dabei unkommentiert.

Zum Verständnis:

*Spieler*in 1 nennt zu Beginn den Begriff „Sommer", Spieler*in 2 antwortet darauf mit „Meer", Spieler*in 3 antwortet auf das „Meer" mit „Urlaub" und so weiter.*

Auf dem Kopf lesen

Spieltyp	Gedächnistraining
Geeignet ab	11 Jahren
Fördert	Konzentration

Besondere Anmerkungen:

Dieses Spiel ist ideal geeignet, wenn Ihr Kind kurzfristig Konzentration erlangen muss. Diese Übung kann ortsunabhängig durchgeführt werden.

Benötigt werden:

Für dieses Spiel benötigen Sie ein Buch oder eine Zeitung.

Anleitung:

Bei dieser Übung geht es darum, dass Sie Ihrem Kind ein Buch oder eine Zeitung aushändigen. Bitten Sie Ihr Kind, den ausgehändigten Gegenstand auf dem Kopf zu halten und ihn dann zu lesen.

Richtig anordnen

Spieltyp Gedächnistraining

Geeignet ab 11 Jahren

Fördert Konzentration, Logik

Besondere Anmerkungen:

Dieses Spiel ist recht anspruchsvoll und kann ortsunabhängig gespielt werden.

Benötigt werden:

Für dieses Spiel benötigen Sie keine speziellen Gegenstände.

Anleitung:

Bei diesem Spiel geht es um die Logik, die Balken richtig anzuordnen. Die Anweisungen geben Hinweise darauf, welcher Balken an welcher Position liegen muss.

Aufgabe 1:

An den Rändern sind keine langen Balken angeordnet. Der Balken R liegt zwischen den Balken G und B. Der zweite Balken ist nicht grau.

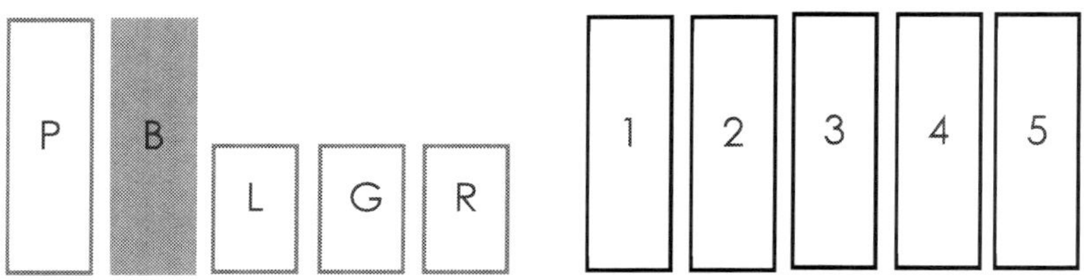

Aufgabe 2:

Am linken Rand befindet sich ein langer Balken. Neben ihm befindet sich ein kurzer Balken, dies ist allerdings nicht Balken G. An der vierten Stelle befindet sich ein anderer langer Balken, der zwischen Balken R und G liegt. Neben Balken G liegt nur ein weiterer Balken. An erster Stelle befindet sich nicht Balken B.

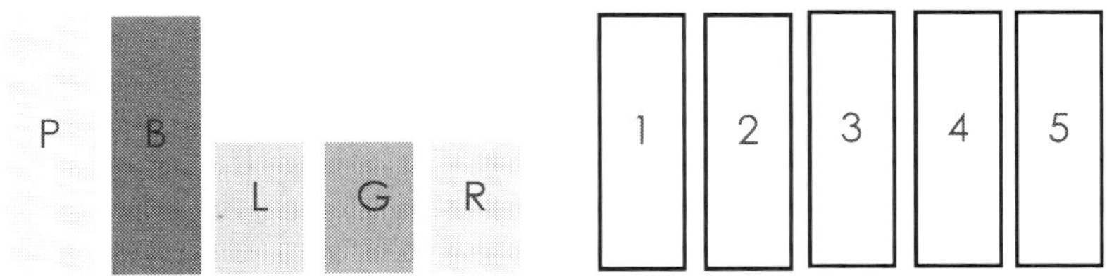

Aufgabe 3:

An Position 3 befindet sich ein kurzer Balken, dies ist nicht Balken G. Der Balken auf Position 3 liegt zwischen Balken B und Balken R. An erster Stelle befindet sich ein kurzer Balken. Der Balken an erster Position ist nicht Balken R. Es befinden sich zwei lange Balken nebeneinander.

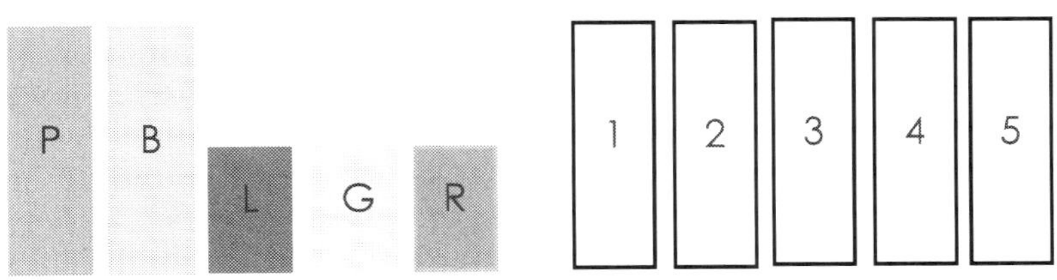

Lösungen:

Aufgabe 1: L, P, B, R, G; Aufgabe 2: P, L, R, B, G; Aufgabe 3: G, R, L, B, P

Rückwärts schreiben

Spieltyp	Gedächnistraining
Geeignet ab	11 Jahren
Fördert	Konzentration

Besondere Anmerkungen:

Diese Übung kann zwischendurch immer mal wieder ausgeübt werden und benötigt nicht viel Zeit.

Benötigt werden:

Für dieses Spiel benötigen Sie einen Stift und ein Blatt Papier.

Anleitung:

Bei dieser Übung geht es darum, dass Sie Ihrem Kind Sätze nennen, die es dann rückwärts schreiben muss. Auf diese Weise wird die Konzentration Ihres Kindes gefördert, da es Ihnen genau zuhören muss, um sich den Text zu merken und diesen dann rückwärts aufschreiben zu können.

Übungen und Spiele ohne Altersbegrenzung

Buchstabensalat

Spieltyp	Gedächnistraining
Geeignet ab	keine Altersvorgabe
Fördert	Konzentration

Besondere Anmerkungen:

Dieses Spiel lässt sich ortsunabhängig spielen.

Benötigt werden:

Für dieses Spiel benötigen Sie keine speziellen Gegenstände.

Anleitung:

Bei diesem Spiel geht es darum, die Wortschnipsel, die Sie sehen können, in die richtige Reihenfolge zu bringen, sodass ein vollständiges Wort entsteht.

Zum Verständnis:

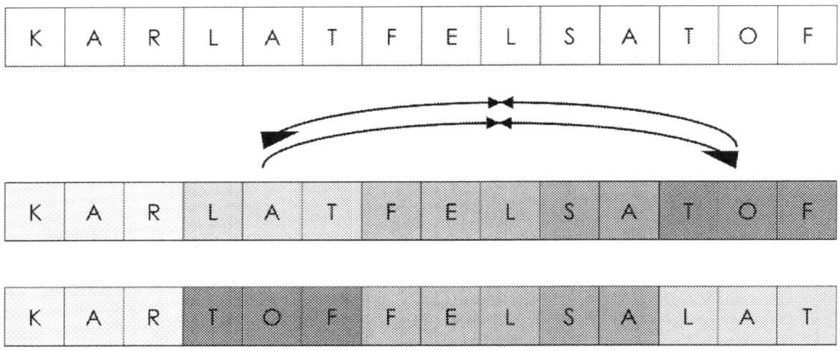

Aufgabe 1:

K	A	F	K	R	A	E	N	Z	F	E	C	H	E	N

Aufgabe 2:

S	C	H	O	L	A	K	O	D	E

Aufgabe 3:

S	O	N	U	N	N	E	N	G	A	N	G	T	E	R

Aufgabe 4:

U	N	R	I	C	H	T	S	T	E	R	F	A	C	H

Aufgabe 5:

E	R	U	N	G	S	L	A	U	B	H	O	L	U	R

Aufgabe 6:

S	C	H	R	E	T	E	N	G	A	R	B	E	R

Lösungen:

Aufgabe 1: Kaffeekraenzchen, Aufgabe 2: Schokolade, Aufgabe 3: Sonnenuntergang, Aufgabe 4: Unterrichtsfach, Aufgabe 5: Erholungsurlaub, Aufgabe 6: Schrebergarten

Gemeinsamkeiten

Spieltyp	Gedächnistraining
Geeignet ab	keine Altersvorgabe
Fördert	Konzentration

Besondere Anmerkungen:

Dieses Spiel lässt sich ortsunabhängig spielen.

Benötigt werden:

Für dieses Spiel benötigen Sie keine speziellen Gegenstände.

Anleitung:

Bei diesem Spiel geht es darum, die Gemeinsamkeit zwischen zwei vermeintlich voneinander unabhängigen Begriffen herauszufinden.

Dafür wirft eine*r der Mitspieler*innen zwei Begriffe in den Raum, bei denen die anderen Spieler*innen konzentriert über die Gemeinsamkeit rätseln.

Zum Verständnis:

*Spieler*in 1 wirft die beiden Begriffe „Bär“ und „Käse“ in den Raum, die zunächst keine Gemeinsamkeit zu haben scheinen. Spieler*in 2 erkennt, dass in beiden Worten ein „Ä“ vorkommt und in beiden Fällen sogar an zweiter Stelle.*

Wörter erkennen

Spieltyp	Gedächnistraining
Geeignet ab	keine Altersvorgabe
Fördert	Konzentration

Besondere Anmerkungen:

Dieses Spiel lässt sich ortsunabhängig spielen.

Benötigt werden:

Für dieses Spiel benötigen Sie keine speziellen Gegenstände.

Anleitung:

Bei dem Spiel „Wörter erkennen“ geht es darum, dass Sie unterschiedliche Wörter sehen, die aufgrund fehlender Buchstaben nicht vollständig sind. Nun geht es darum herauszufinden, welche Buchstaben die fehlenden sind, um sie einsetzen und das Wort lösen zu können.

Zum Verständnis:

E	I		H		R	N

E	I	N	H	O	R	N

Aufgabe 1:

S		N		E	N	B	L		M	E

Aufgabe 2:

R	E	G			S	C			R	

Aufgabe 3:

H		U	S		U	F			B	E

Aufgabe 4:

F		E		N		S	C		A	F	

Aufgabe 5:

	I	E		E		R		D

Lösungen:

Aufgabe 1: Sonnenblume, Aufgabe 2: Regenschirm, Aufgabe 3: Hausaufgabe, Aufgabe 4: Freundschaft, Aufgabe 5: Riesenrad

QR-Codes für weiteres Spielvergnügen

Sie, beziehungsweise Ihr Kind haben alle Spiele und Übungen bereits ausprobiert, doch haben noch immer nicht genug? Dann finden Sie nachstehend einige QR-Codes zu weiteren einzigartigen Spielen, die die Konzentration Ihres Kindes noch weiter fördern können. Viel Spaß!

Konzentrationsübungen 1-7
Medienwerkstatt

Konzentrationsübungen
Kleine Schule

Logiclike Übungen

Spielaffe Denkspiele

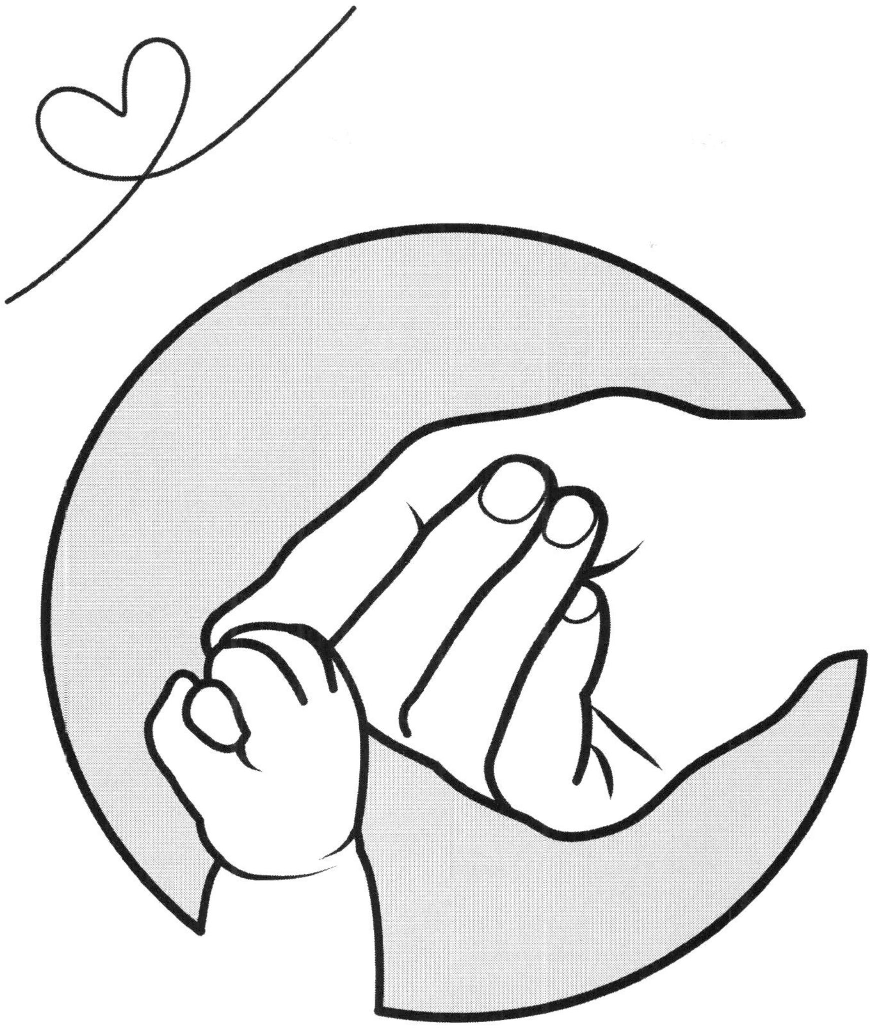

Abschließende Worte

In diesem Buch haben Sie sich umfangreich mit allen wichtigen und relevanten Informationen rund um das Thema Kinder und ihre Konzentration befassen können. Mithilfe der zahlreichen Tipps und Tricks wird es Ihnen gelingen, das Beste aus Ihrem Kind hervorzuholen und es bestmöglich unterstützen zu können.

Von nun an wissen Sie, was es mit der Konzentration auf sich hat und in welchem Alter Ihr Kind welche Konzentrationsspanne besitzt. Natürlich können Sie von einem 7-jährigen Kind nicht erwarten, dass es sich über viele Stunden hinweg konzentrieren kann – dafür ist es ein Kind und genau als dieses sollten Sie es erachten. Dennoch kann es dazu kommen, dass Sie feststellen, dass Ihr Kind nicht immer ganz bei der Sache ist oder auch bleiben kann. Hierfür haben Sie erfahren, wie genau Sie erkennen können, ob Ihr Kind unter einer Konzentrationsschwäche leidet. Auch haben Sie die Ursachen erfahren, die für ein unkonzentriertes Verhalten sorgen können und entsprechende Lösungsansätze kennengelernt, die dabei helfen können, die Unkonzentriertheit aufzulösen. In selbigem Zusammenhang haben Sie auch einige Tipps und Tricks an die Hand bekommen, die bei der Steigerung der Konzentration förderlich sein können.

In einem weiteren Kapitel konnten Sie sich intensiv damit befassen, wie Sie den Lernerfolg Ihres Kindes im schulischen Rahmen effektiv entwickeln können. Dafür haben Sie die unterschiedlichen Lerntypen und die entsprechenden Lernmethoden kennengelernt, um die beste von ihnen für Ihr Kind ausfindig machen und anwenden zu können. Auch haben Sie das Wissen darüber erhalten, wie Sie Ihr Kind zum Lernen motivieren können und was es dabei lieber zu vermeiden gilt.

Um den entscheidenden Einfluss der richtigen Ernährung nicht außen vor zu lassen, haben Sie sich ausführlich damit auseinandersetzen können, worauf es bei der Ernährung ankommt, welche Lebensmittel Sie Ihrem Kind anbieten sollten und welche Tipps und Tricks Sie dabei idealerweise anwenden sollten.

Abschließend haben Sie viele förderliche und hilfreiche Übungen und Spiele an die Hand erhalten, die Sie gemeinsam mit Ihrem Kind umsetzen oder sie Ihrem Kind zum Spielen und der effektiven Förderung der Konzentration anbieten können.

Ich wünsche Ihnen viel Erfolg und vor allem viele tolle und unvergessliche Stunden gemeinsam mit Ihrem Kind!

Thank you!

Haftungsausschluss

Der Inhalt dieses Werkes wurde mit großer Sorgfalt geprüft und erstellt. Für sämtliche Inhalte kann jedoch keine Garantie übernommen werden. Dies gilt weder für die Richtigkeit, Vollständigkeit, noch Aktualität der Inhalte. Alle enthaltenen Informationen basieren lediglich auf die eigene Meinung und persönliche Erfahrung des Autors. Der Inhalt darf keinesfalls als medizinische Hilfe gesehen werden. Für selbstverursachte Schäden und Fehlhandlung des Lesers wird daher keine juristische Haftung Seitens des Autors übernommen. Zudem garantiert der Autor keinerlei Erfolge mit dem im Buch erwähnten Informationen, da diese wie oben genannt nur auf persönliche Erfahrung des Autors basieren und lediglich als Unterhaltung diesen sollen. Die Verantwortung für die im Buch beschriebenen Ziele liegt einzig und allein beim Leser selbst. Gleichzeitig wird keine Haftung auf den im Buch angegebenen Quellen und externen Webseiten übernommen. Für all diese Inhalte ist einzig und allein der jeweilige Webseitenbetreiber verantwortlich, weshalb der Autor automatisch von einer Haftung ausgeschlossen ist.

Impressum

1. Auflage 2022

Kontakt: Kubilay Korkmaz, Angelstraße 1, 74172 Neckarsulm

Covergestaltung: 99designs

Coverfoto: 99designs

Printed in Poland
by Amazon Fulfillment
Poland Sp. z o.o., Wrocław

11686910R00106